Arnd Stein · Worte, die wirken

Arnd Stein

Worte, die wirken

Körperlich und seelisch gesund
aus eigener Kraft

Kösel-Verlag München

CIP-Titelaufnahme der Deutschen Bibliothek
Stein, Arnd:
Worte, die wirken : körperlich und
seelisch gesund aus eigener Kraft /
Arnd Stein. – München : Kösel, 1989
ISBN 3-466-34229-5

Gesamtherstellung: Kösel, Kempten
Umschlag: Bine Cordes, Weyarn
ISBN 3-466-34229-5

Inhalt

Die Macht

~~der~~ (der??)

Ihres Worte!!

Ein Wort vorweg: Wirkung und Nutzen des Buches

Worte können etwas mitteilen, berichten, verkünden, aber auch überreden, beschwören, verzaubern. In allen Fällen bewirken sie etwas – allerdings auf verschiedenen Ebenen. Die Sachinformation richtet sich vor allem an den Verstand, die Vernunft, das (kritische) Bewußtsein. Suggestive Botschaften hingegen berühren eher unser Gefühl, unsere Vorstellungskraft sowie unbewußte Bereiche unserer Persönlichkeit.

Die Worte auf den folgenden Seiten wollen beides – Wissenswertes über bedeutsame körperlich-seelische Vorgänge weitergeben und dieses Geschehen auch unmittelbar ansprechen, beeinflussen, positiv verändern.

Also werden Sie aus diesem Buch doppelten Nutzen ziehen. Einerseits gewinnen Sie zahlreiche neue, praktisch umsetzbare Erkenntnisse über ganz aktuelle und zentrale Lebensfragen, und andererseits lernen Sie ein wirkungsvolles Suggestionsverfahren kennen, das Ihre Gesundheit fördern und Ihre seelische Stabilität stärken kann. Die Anwendung dieser Methode ist ebenso angenehm wie einfach. Denn am Ende eines jeden Kapitels finden Sie eine ausführliche Zusammenstellung positiver Leitsätze, die – nach den Empfehlungen moderner Suggestionsforschung aufgebaut sowie in jahrelanger Praxisarbeit erprobt – Ihnen helfen wollen, Ihre unbewußten Kräfte und verborgenen Energien in besonders intensiver und nachhaltiger Weise zu entfalten.

Auch Ihr(e) Partner(in), Ihre Familienangehörigen, Freunde oder Bekannten profitieren von den »wirksamen Worten« des Buches, sobald Sie Ihr neu gewonnenes Wissen oder bestimmte Suggestionen weitervermitteln. Nicht zuletzt aus diesem Grund werden Sie auch jene Kapitel nutzbringend lesen, die Sie nicht persönlich betreffen. Da die verschiedenen Themen in eigenständigen Abschnitten behandelt werden, können Sie sich damit je nach Bedürfnis und Interesse in beliebiger Reihenfolge befassen. Um das Wesen und die gezielte Anwendung »wirksamer Worte« jedoch richtig zu verstehen, sollten Sie sich auf jeden Fall zunächst dem ersten Kapitel widmen.

1 Die Macht der Suggestion

Sie sind auf dem Weg zur Arbeit. Da Sie gut geschlafen haben, fühlen Sie sich ausgeruht, frisch und munter. An der Eingangstür begrüßen Sie in bester Stimmung und mit strahlendem Gesicht einen Kollegen, der Sie jedoch etwas kritisch mustert: »Haben Sie nicht gut geschlafen? Sie sehen ziemlich müde aus.« Etwas verunsichert gehen Sie weiter und werden wenig später von einem anderen Kollegen in mitleidigem Ton angesprochen: »Sagen Sie, fühlen Sie sich nicht gut? Sie sehen ja richtig krank aus!« Bevor Sie sich wieder gefangen haben, hören Sie die wenig schmeichelhafte Bemerkung: »Sie scheinen ja wirklich urlaubsreif zu sein...!« Ein prüfender Blick in den Spiegel sagt Ihnen: Tatsächlich, Sie haben dunkle Ränder unter den Augen! Außerdem spüren Sie plötzlich einen unangenehmen Druck in der Magengegend. Ihr optimistisches Lächeln ist längst verflogen. Nein, Sie sind überhaupt nicht ausgeschlafen, sondern fühlen sich wie gerädert. Vermutlich eine Infektion. Sie arbeiten noch eine Stunde, wobei Sie immer wieder die besorgten Blicke Ihrer Kollegen wahrnehmen. Dabei fühlen Sie sich zunehmend schlechter, gehen schließlich zu Ihrem Vorgesetzten – und melden sich krank. Was Sie allerdings nicht wußten: Ihre Kollegen hatten sich abgesprochen, um mit Ihnen ein boshaftes »Spielchen« zu treiben. Man wollte Ihnen beweisen, daß Sie sich allein aufgrund beiläufiger Suggestionen regelrecht krank fühlen.

Es ist keinesfalls abwegig, daß ein solches »Experiment« häufig sein Ziel erreichen könnte. Denn Suggestionen üben eine enorme Macht auf uns aus. Sie beeinflussen unsere Gefühle, Einstellungen und Verhaltensweisen ebenso wie unser seelisches Gleichgewicht und unsere Gesundheit – auch wenn wir uns dieses fundamentalen Zusammenhangs meist gar nicht bewußt sind. Was also verbirgt sich hinter dem schillernden Begriff »Suggestion«, der manchmal Abneigung oder gar Angst erzeugt, vor allem aber neugierig macht?

Suggestiver »Beschuß« aus der Umwelt

Überredung, Einflüsterung, Beeinflussung – so lautet die Übersetzung des lateinischen Wortes »suggestio«. Fast zwangsläufig denkt man dabei an geschickt formulierte Worte, an raffinierte Redewendungen, mit denen ahnungslose Opfer in eine bestimmte Richtung gelenkt, also manipuliert werden sollen. Doch solche Verführungen, die z. B. in der Werbung meist noch durch reizvolle Bilder verstärkt werden, stellen nur einen kleinen Ausschnitt des weiten Suggestionsspektrums dar. Suggestionen beeinflussen uns auf viel breiterer Front, nicht nur gezielt, sondern auch zufällig. Alles, was wir mit unseren fünf Sinnen wahrnehmen, kann – mehr oder minder – suggestiven Charakter haben.

Selbst unsere Nase spricht äußerst sensibel auf Umweltreize an. So lebt z. B. die gesamte Parfümindustrie von der emotionalen Wirkung verschiedener Düfte. Und die Tatsache, daß unser Geruchssinn nicht nur in der Lage ist, uns buchstäblich das Wasser im Munde zusammenlaufen zu lassen oder Gefühle zu wecken, sondern auch komplexe (Kindheits-) Erinnerungen wachzurufen, gehört zur alltäglichen Erfahrung.

Ähnlich suggestiv wirkt unsere Geschmackswahrnehmung: Wir schmecken nicht nur, sondern fühlen auch dabei. Unsere gesamte Stimmungslage wird nicht selten von Gaumenfreuden (und -leiden) beeinflußt. Intensive Suggestionen können auch mit Tast- bzw. Berührungsempfindungen oder anderen Hautwahrnehmungen (Wärme, Kälte, Druck, Schmerz) verknüpft sein. Das sanfte Streicheln einer Hand sagt oft mehr als wortreiche Sympathiebekenntnisse. Und die beruhigende Wirkung eines Kuscheltieres – sei es lebendig oder aus Stoff – wird bekanntlich nicht nur von Kindern geschätzt.

Von der Suggestivkraft optischer Eindrücke werden wir in besonders intensiver und vielfältiger Weise beeinflußt. Allerdings sind vor allem diese Sinneswahrnehmungen derart eng mit unserer gesamten »selbstverständlichen« Alltagserfahrung verwoben, daß wir ihren tiefgreifenden Einfluß auf unsere Gefühle, Einstellungen oder Urteile meist nicht wahrhaben wollen. Trotzdem wird unsere Persönlichkeit bereits von ganz einfachen Signalen wie z. B. Farben in bestimmte »Schwingungen« versetzt – sie können besänftigen oder anregen, traurig machen oder heiter stimmen. Wie eindringlich und nachhaltig müssen da erst

→ Nein! Stimmt nicht! Es ist nur ein Beispiel

komplexe Bilder oder Situationen auf uns wirken! Beispielsweise haben sozialpsychologische Untersuchungen zur Einschätzung und Beurteilung unserer Mitmenschen eindrucksvoll belegt, daß jeder von uns sich von der Kleidung oder anderen Äußerlichkeiten seines Gegenübers in erheblichem Maße beeinflussen läßt. Unser Auge sieht aber nicht nur Bildhaftes, sondern auch *Worte,* also durch Buchstaben verschlüsselte Sprache, die in unserer gesamten Wahrnehmung eine Sonderstellung einnehmen. Denn Worte besitzen einen unendlich wandlungsfähigen Symbolcharakter und können uns deshalb viel stärker und tiefgreifender »an-sprechen« als jeder andere suggestive Reiz. Folglich spielt auch unser Gehör beim »Empfang« von Suggestionen eine äußerst wichtige Rolle, da es bei der Wahrnehmung von Sprache unserem Gesichtssinn ebenbürtig, in mancher Hinsicht sogar überlegen ist.

Worte, gesprochen oder geschrieben, sind also die wirksamsten Botschaften des gesamten Suggestionsspektrums. Bevor wir anhand zahlreicher Beispiele aus verschiedenen Lebensbereichen aufzeigen, welch erstaunlichen Einfluß Worte auf unser gesamtes körperlich-seelisches Wohlbefinden ausüben, wollen wir zunächst mit Hilfe einiger Experimente, also durch Selbsterfahrung, die unmittelbar sichtbare Kraft sprachlicher Suggestionen veranschaulichen.

Experimente mit wirksamen Worten

Das Überraschende an den folgenden Versuchen liegt keineswegs nur darin, daß die suggerierten Verhaltensweisen tatsächlich ausgeführt werden. Solche Reaktionen wären ja durch eine direkte Bitte oder Aufforderung viel einfacher zu erreichen. Entscheidend ist, daß diese körperlichen Vorgänge ohne Beteiligung des Willens (teilweise sogar gegen *bewußte* Widerstände) allein vom *Unbewußten* gesteuert werden.

Für unsere Experimente brauchen Sie zunächst einen (oder mehrere) Mitspieler. Später können Sie die Testaufgaben im Selbstversuch wiederholen, indem Sie die Anweisungen zu sich selbst sprechen oder einfach nur denken. Gehen Sie stets mit überzeugter Sicherheit davon aus, daß Ihre Worte wirken werden – auch wenn der Erfolg Ihrer

Experimente je nach Situation bzw. Suggestibilität (Beeinflußbarkeit) der jeweiligen Versuchsperson sehr unterschiedlich ausfallen wird.

Versuch A: Beginnen wir mit einem »Spiel«, das fast immer funktioniert – nicht zuletzt, weil bestimmte neuro-muskuläre Vorgänge Ihre Worte tatkräftig unterstützen. Ihr Mitspieler stellt sich seitlich neben eine Wand und läßt zunächst seine Arme locker herunterhängen. Dann bitten Sie ihn, seine Augen zu schließen und mit Handrücken und Unterarm so fest wie möglich gegen die Wand zu drücken. Spornen Sie ihn dabei mit Aufforderungen wie: »Fester!«, »Noch mehr!« oder: »Weiter, weiter!« an. Nach etwa 45 Sekunden lassen Sie ihn mit weiterhin geschlossenen Augen zwei Schritte zur Seite treten. Sagen Sie mit ruhiger und fester Stimme: »Dein Arm wird jetzt ganz leicht, so leicht wie eine Feder. Er steigt nach oben und schwebt nun völlig leicht und schwerelos in der Luft. Öffne nun deine Augen, und schau dir deinen Arm an. Erstaunlich, nicht wahr?« Höchstwahrscheinlich werden nun alle Beteiligten mit Verwunderung feststellen, daß der Arm der Testperson tatsächlich in der Luft »schwebt«.

Versuch B: Ihr Mitspieler streckt beide Arme waagerecht und parallel nach vorn aus. Dann schließt er seine Augen. Wiederholen Sie nun folgende Suggestion: »Dein rechter Arm wird ganz schwer – der linke Arm wird immer leichter. Rechts wird es immer schwerer – links immer leichter. Rechts schwerer – links leichter...« Je intensiver sich Ihre Versuchsperson auf diese Vorstellung konzentriert, desto erstaunter wird sie sein, sobald sie nach etwa zwei bis drei Minuten ihre Augen wieder öffnet und die veränderte Position ihrer Arme wahrnimmt.

Versuch C: Sie stellen sich dicht hinter Ihren Mitspieler und bitten ihn, die Arme locker hängen zu lassen und seine Augen zu schließen. Dann geben Sie ihm folgende Versuchsanweisung: »Stell' dir nun vor, daß ich um deine Schultern ein Seil gebunden habe, an dem ich nun immer fester und fester ziehe. Du spürst, wie deine Schultern nach hinten gezogen werden – immer mehr, immer stärker. Noch fester ziehe ich an dem Seil nach hinten – immer mehr, immer stärker...« Wiederholen Sie die letzten beiden Sätze mit eindringlicher Stimme mehrere Male, und stützen Sie ihre Testperson ab, sobald sie – vielleicht nach anfänglichem Schwanken – schließlich doch der Kraft Ihrer Worte erliegt und nach hinten kippt. Im Selbstversuch können Sie sich mit dem Rücken dicht vor eine Wand stellen oder von einem Sofa bzw. Bett »auffangen« lassen.

Versuch D: Ihre Versuchsperson kann sich nun auf einen Stuhl oder einen Sessel setzen. Geben Sie ihr einen kleinen Gegenstand (z. B. Kugelschreiber, Münze, Feuerzeug), den Sie zwischen Daumen und Zeigefinger halten soll, und zwar so, daß er nach unten weist. Dabei kann sie den Arm ausgestreckt halten (was die Wirkung der Suggestion noch etwas verstärkt) oder den Ellbogen aufstützen. Nachdem sie erneut ihre Augen geschlossen hat, sagen Sie: »Du spürst, wie der Kugelschreiber (bzw. die Münze, das Feuerzeug) allmählich immer schwerer wird. Schwerer und schwerer, so schwer wie Blei. Und in deiner Hand bemerkst du ein angenehmes Kribbeln – so, als würde sie gleich einschlafen. Und der Kugelschreiber wird noch schwerer – er zieht deine Hand nach unten. Du möchtest dieses Bleigewicht gern fallenlassen. Deshalb öffnen sich jetzt dein Daumen und dein Zeigefinger immer mehr. Du kannst den Kugelschreiber nicht mehr halten, er fällt gleich, er fällt wirklich . . .!« Wie beim vorhergehenden Versuch sollten Sie die letzten beiden Sätze mehrfach wiederholen. Sehr häufig werden Ihre Worte den Gegenstand tatsächlich aus der Hand Ihres Gegenübers gleiten lassen – manchmal schon nach wenigen Sekunden, häufiger erst nach zwei, drei Minuten, in denen Sie sich durch hartnäckiges Wiederholen Ihrer Suggestionen gegen seine (vergeblichen) Willensanstrengungen durchgesetzt haben. Dieser Versuch gelingt in der Regel auch dann, wenn die Testperson die Augen geöffnet hält und den Gegenstand in ihrer Hand fixiert.

Versuch E: Für dieses Experiment benötigen Sie ein Pendel, das Sie sich mit Hilfe eines 15–20 cm langen Fadens, an den Sie ein kleines Gewicht (Fingerring, Schraube, Nähnadel etc.) binden, selbst herstellen können. Außerdem zeichnen Sie auf ein Blatt Papier einen Kreis, der von einer waagerechten und einer senkrechten Achse geviertelt wird. Die Berührungspunkte zwischen Kreuz und Kreisbogen werden mit den Buchstaben A, B (links und rechts) sowie C, D (oben und unten) versehen. Die Testperson sitzt am Tisch, auf dem dieses Papier liegt, nimmt den Faden zwischen Daumen und Zeigefinger, stützt den Ellbogen auf und hält das Pendel genau über der Kreismitte. Vier verschiedene Bewegungen sind nun möglich: ein waagerechter Ausschlag zwischen A und B, ein senkrechter zwischen C und D, eine

Kreisbewegung im und eine gegen den Uhrzeigersinn. Das Spiel kann beginnen, indem Sie Ihrem Mitspieler folgende Instruktion geben: »Du schaust jetzt nur noch das Pendel an. Halte es ganz ruhig über der Kreismitte. Du siehst nichts anderes mehr als das Pendel. Ist es nicht erstaunlich, daß es sich nun ganz langsam bewegt, obwohl du deine Hand völlig ruhig hältst? Es bewegt sich tatsächlich – ganz leicht von A nach B und von B nach A. Und jetzt wird der Ausschlag stärker. Obwohl du deine Hand immer noch absolut ruhig hältst. Es bewegt sich von A nach B und von B nach A – hin und her – hin und her. . .« Wenn Sie den letzten Satz mehrfach wiederholen, so wird das Pendel sehr wahrscheinlich immer stärker ausschlagen. Nach diesem überraschenden Ergebnis können Sie das Pendel anhalten und Ihrer Testperson die Richtung C/D suggerieren. Anschließend fahren Sie mit den beiden Kreisbewegungen rechts- bzw. linksherum fort.
Mit einer weiteren Versuchsvariante können Sie Ihrem Gegenüber (und sich selbst) einen eindrucksvollen Beweis dafür liefern, daß die in jüngster Zeit wieder stark in Mode gekommene Beschwörung von Geistern mit ganz irdischen, psychologischen Vorgängen erklärt werden kann: Nehmen Sie statt der Kreisvorlage ein größeres Blatt Papier und schreiben Sie darauf in beliebiger Anordnung die Buchstaben von A bis Z. Und nun geben Sie ihrem Mitspieler den Auftrag, ein Wort langsam zu buchstabieren oder auch nur zu denken. Wie von Geisterhand gelenkt, wird sich das Pendel tatsächlich nacheinander auf alle Buchstaben zubewegen, aus denen das jeweilige Wort zusammengesetzt ist.
Woran liegt das? Was verbirgt sich hinter den verblüffenden Reaktionen, die wir in diesen fünf Experimenten beobachten können? Wie kommt es, daß bloße Worte tatsächlich die Macht haben, ohne Beteiligung des bewußten Willens Muskelbewegungen hervorzurufen? Wie gelingt es einer Suggestion, uns bestimmte Körperreaktionen oder auch Empfindungen und Gefühle »einzuflüstern«? Diesen interessanten Fragen wollen wir nun auf den nächsten Seiten nachgehen.

Worte – Gedanken – Vorstellungen

Bevor ein Wort suggestive Kraft erlangt, also auf unser körperlich-seelisches Geschehen Einfluß nehmen kann, muß es zunächst einige Wandlungen durchmachen. Suggestionen wie: »*Du* spürst, wie *deine* Schultern nach hinten gezogen werden« müssen vom Empfänger dieser Botschaft zunächst in den *Gedanken* umgeformt werden: »*Ich* spüre *(tatsächlich!),* daß *meine* Schultern nach hinten gezogen werden.« Aus der Beeinflussung durch andere Menschen *(Fremdsuggestion)* muß also eine Selbstbeeinflussung *(Autosuggestion)* werden. Diese Transformation gelingt aber vielfach nur dann, wenn ein *überzeugter Glaube* an die suggerierte Wirkung bereits besteht oder (z. B. durch wiederholte Beeinflussung oder gezielte Informationen) allmählich geschaffen wird. Also sind die meisten Suggestionen so lange kaum mehr als »Schall und Rauch«, bis der Adressat sie annimmt und als Realität akzeptiert.

Jeder von uns wird aber auch von zahlreichen suggestiven Reizen beeinflußt, die – ganz ohne gedankliche »Umschaltungsprozesse« – reflexartige Empfindungen, Gefühle, Körperreaktionen oder Verhaltensweisen auslösen. Ein bestimmter Duft, eine Melodie, ein Bild oder irgendeine andere Wahrnehmung kann in uns ganz unmittelbar vielfältige Gefühlstönungen wecken. Der Anblick eines gähnenden Menschen reizt uns dazu, es ihm gleichzutun; und allein das *Wort* »Zitrone« kann unsere Mundschleimhäute zusammenziehen. Diese sogenannten *bedingten Reflexe* wurden von dem bekannten russischen Physiologen *I. Pawlow* entdeckt und in seinen berühmten Tierexperimenten eindrucksvoll demonstriert: Immer wenn ein Hund gefüttert wurde, ließ der Experimentator eine Glocke läuten. Nach einigen Darbietungen dieser Art genügte bereits der Glockenton, um die Speichelabsonderung des Hundes anzuregen. Durch den zeitlichen und situativen Zusammenhang mit dem Futter hatte die Glocke also eine völlig neue, äußerst intensive Suggestivkraft gewonnen.

Da auch der Mensch bedingte Reflexe ausbildet, haben die Erkenntnisse von *Pawlow* für uns alle eine enorme Tragweite. *Jede* Sinneswahrnehmung – also auch jedes Wort (ja, sogar jeder Gedanke!) – hat durch bloßes Zusammentreffen mit einem bestimmten Ereignis die Möglichkeit, zu einer mächtigen Suggestion zu werden, die sich auf unsere gesamte Persönlichkeit positiv oder negativ auswirken kann.

Die Umwandlung bestimmter Worte in körperliche oder seelische Reaktionen wird oftmals durch einen weiteren bedeutsamen geistigen Prozeß erheblich verstärkt: durch unsere *Vorstellungskraft*. Sobald wir ein (möglichst) anschauliches Bild von der Zielsetzung einer Suggestion in uns tragen, entfaltet sie ihre Wirkung oftmals mit erstaunlicher Intensität. Die lebendige Vorstellung, nach hinten zu fallen, führt in den meisten Fällen unmittelbar zu einem Verlust des Gleichgewichts; und das plastische innere Bild, ein bleischweres Gewicht zwischen den Fingern zu halten, läßt den vermeintlichen »Brocken« alsbald zu Boden fallen.

Diese automatisch ablaufende Umsetzung von Worten (bzw. Gedanken) in Muskelreaktionen nennt man *ideomotorische Bewegung* – von *Pawlow* mit einfachen Worten erklärt: »Wenn wir an eine bestimmte Bewegung denken, wird sie von uns unbewußt ausgeführt.« Selbst wenn keine Reaktion sichtbar wird, »arbeitet« es im Körper. Physiologische Messungen belegen, daß bei solchen mentalen Prozessen in der Tat nicht nur der Geist rege ist. Die bioelektrische Aktivität jener Muskeln, die in Gedanken bewegt werden, steigt an, entsprechende Nervenbahnen und die zugehörigen Hirnregionen nehmen ebenfalls ihre ganz spezielle Tätigkeit auf. Zudem signalisieren vegetative Begleiterscheinungen (wie Blutdruck, Puls, Atemfrequenz), daß Aktion stattfindet. Kein Wunder also, daß in vielen Fällen die suggerierte Bewegung ausgeführt wird. Und vermutlich haben auch Sie eine solche Bewegung schon einmal z. B. als Autoinsasse vollführt, wenn der Fahrer in einer kritischen Situation scheinbar zu spät abbremste. Allein der Gedanke »Bremsen!« ließ Ihr rechtes Bein ganz unwillkürlich mit energischem Nachdruck auf ein imaginäres Bremspedal treten.

Die unbewußte Verwandlung einer Suggestion zu einer (körperlich-seelischen) Reaktion erfolgt häufig auch dann, wenn unser bewußter, kritischer Verstand Widerspruch einlegt und wir deutlich vernehmbare skeptische Einwände gegen den Erfolg einer Beeinflussung vorbringen. Wenn man sich natürlich von vornherein gegen eine »Einflüsterung« sperrt, sie sozusagen von innen heraus ablehnt und nicht an sich herankommen läßt, also z. B. bei einem Experiment oder einer Suggestionsbehandlung gar nicht erst »mitspielt«, dann wird sie kaum greifen können. Doch sobald suggestive Worte erst einmal im Unbewußten eine anschauliche Vorstellung erzeugt haben (»Ich falle nach hinten

um!«, »Mein Arm wird leicht.« oder: »Das Pendel bewegt sich.«), dann wird sich dieses innere Bild im Kampf gegen den bewußten Willen meist durchsetzen. Solche Konflikte können Sie in unseren fünf Versuchen immer wieder beobachten: Während die Testperson z. B. ungläubig auf ihre Hand starrt und mit amüsiertem Lächeln »nein, nein!« sagt, bewegen sich Daumen und Zeigefinger dennoch – manchmal zitternd – auseinander, und der Gegenstand rutscht unaufhaltsam heraus und fällt zu Boden.
In der Literatur wird gern folgendes klassische Beispiel zitiert, das die Suggestivkraft bildhafter Vorstellungen und die daran geknüpften Erwartungen veranschaulichen soll. Sie gehen über ein 5 m langes und 30 cm breites Brett, das auf dem Boden liegt. Vermutlich kein Problem. Und wenn das Brett über eine 2 m tiefe Baugrube führt? Nicht ausgeschlossen, daß Sie bereits ein leichtes Unbehagen verspüren. Falls dieser Holzsteg aber in schwindelnder Höhe zwei Häuser miteinander verbindet, werden Sie höchstwahrscheinlich von der bedrohlichen *Vorstellung,* in die Tiefe zu stürzen, derart gefangengenommen, daß Sie trotz intensiver Bemühungen kaum in der Lage sind, die andere Seite des Abgrundes zu erreichen.
Zahllose Alltagserfahrungen belegen, daß krampfhafte Willensanstrengungen häufig genau das Gegenteil der eigentlichen Absicht bewirken. Wer z. B. mit der Befürchtung – also der negativen Erwartung – zu Bett geht, nicht einschlafen zu können, wird um so länger hellwach bleiben, je mehr er sich ganz bewußt darum bemüht, endlich den ersehnten Schlaf zu finden.

Pioniere der Suggestionsforschung

Wenn Worte, Gedanken und bildhafte Vorstellungen unser körperlich-seelisches Gleichgewicht tatsächlich tiefgreifend beeinflussen können – was liegt dann näher, als diese wirksamen geistigen Hilfsmittel für unser gesamtes Wohlbefinden gezielt nutzbar zu machen? Diese Schlußfolgerung ist keineswegs neu. Schon um die Jahrhundertwende entwickelte der französische Apotheker *É. Coué* (1857–1926) ein Verfahren zur systematischen Selbstbeeinflussung (»Selbstbemeisterung«), die sogenannte *bewußte Autosuggestion,* nachdem er eine verblüffende Erfahrung gemacht hatte. Ein schmerzgeplagter Patient wurde von ihm jahrelang mit Medikamenten versorgt. Doch alle ärztlichen Verordnungen und Behandlungen blieben erfolglos, bis der Gepeinigte seinen Apotheker inständig darum bat, ihm ein anderes Heilmittel ohne ärztliches Rezept zusammenzustellen, weil er zu ihm größeres Vertrauen als zu den Medizinern habe. Da *Coué* aber kein Arzt war, verabreichte er dem Patienten ein völlig wirkungsloses Mittel. Überraschend brachte dieses Scheinpräparat trotzdem den ersehnten Erfolg: Der chronisch Schmerzkranke war nach kurzer Zeit beschwerdefrei! Aus heutiger Sicht wissen wir natürlich, daß sogenannte Placebos unter bestimmten Voraussetzungen einem echten Medikament ebenbürtig oder gar überlegen sein können (vgl. Kapitel 10), für *Coué* hingegen war diese erstaunliche Heilung ein »Aha-Erlebnis«. Ihm wurde bewußt, daß beim Erfolg einer Therapie der Glaube des Patienten in entscheidendem Maße mitwirkte. Von nun an beschäftigte er sich systematisch mit den Auswirkungen positiver sprachlicher Suggestionen. Zunächst begleitete er die Abgabe seiner Medikamente mit Ermutigungen oder optimistischen Prognosen wie: »Dieses hervorragende Mittel wird Ihnen bestimmt gut helfen!« Und recht bald zeigte sich: Die Wirkung einer Arznei konnte durch hoffnungsvollen Zuspruch erheblich verstärkt werden. Aus diesen Beobachtungen folgerte *Coué*, daß in der *Selbstbeeinflussung* eines Menschen letztlich der Schlüssel zu seiner Heilung liegt. Erfahrungen mit Tausenden von Patienten ließen dann im Laufe der Jahre die Methode der bewußten Autosuggestion entstehen. Grundlage dieser Selbsttherapie sind positive Leitsätze, die in täglichen Übungen – möglichst mehrfach wiederholt – *gesprochen* und *gedacht* werden sollen, vor allem die weltberühmte Formel: *»Es geht mir mit jedem Tag, in jeder Hinsicht besser und besser.«* Zudem baut die bewußte Autosuggestion auf die Vorstellungskraft des Menschen, die – durch überzeugten Glauben verstärkt – zur sogenannten *Imagination,* also einem äußerst wirkungsvollen »Zielbild«, wird. Sobald z. B. ein Patient sein mentales Krankheitsbild durch ein Gesundheitsbild ersetzt, werden durch diesen »Austausch innerer Bilder« eigene Heilkräfte freigesetzt, da jeder überzeugte Gedanke und erst recht jede Vorstellung bestrebt ist, sich zu verwirklichen. *Coué* formulierte auch jene psychologische Gesetzmäßigkeit, die wir schon in unseren fünf Suggestionsexperimenten kennengelernt haben: Wenn die

Vorstellung (oder Einbildung) und der Wille in Widerstreit liegen, so wird die Vorstellung stets die Oberhand gewinnen. Und das heißt, daß das Unbewußte sich letztlich gegen das Bewußte durchsetzt. Ganz folgerichtig sind nach *Coué* vor allem *negative* Worte, Gedanken, Vorstellungen und Erwartungen für die Entstehung und Aufrechterhaltung von Krankheiten verantwortlich. Denn was nützt der scheinbar überzeugte Wunsch: »Ich *will* doch gesund werden!«, wenn er in gleichem Atemzug mit einem ». . . aber es wird und wird nicht besser!« wieder entwertet wird?

Trotzdem gehören auch heute noch »Wehwehchen«, Krankheiten, Ärgernisse, Sorgen oder andere seelische Probleme zu unseren beliebtesten Gesprächsthemen. Negative Worte, die mit Sicherheit wirken! Tagtäglich wenden wir in leichtfertiger Weise ein schädigendes oder gar selbstzerstörerisches »Autosuggestionsprogramm« an, ohne uns auch nur im entferntesten der manchmal verheerenden Folgen solcher destruktiven Gedanken und Äußerungen bewußt zu werden. Die von *Coué* formulierten psychologischen Gesetzmäßigkeiten haben also überhaupt nichts an Aktualität verloren – auch wenn die Methode der bewußten Autosuggestion mehr und mehr in Vergessenheit geriet und von einigen orthodoxen Anhängern anderer Therapierichtungen gar als oberflächliche »Wortrauschmethode« abqualifiziert wurde. Allerdings völlig zu Unrecht. Denn es ist mittlerweile eine erwiesene Tatsache, daß sich positive Suggestionen im Alltag, Experiment oder therapeutischen Rahmen äußerst segensreich auswirken können. Aus guten Gründen werden wir also in unseren später dargestellten Selbsthilfeprogrammen einige bewährte Grundlagen der bewußten Autosuggestion aufgreifen.

Während *Coué* ausschließlich mit sogenannten Wachsuggestionen arbeitete, beschäftigten sich auch schon vor ihm die meisten Pioniere der Suggestionsforschung mit »Einflüsterungen«, die dem Patienten in *Hypnose* vermittelt wurden. Obwohl diese Heilmethode schon in der Antike bekannt war (z. B. wurden in Ägypten unter Hypnose schmerzfrei Zähne gezogen), konnte sie erst im 18. Jahrhundert vom mystischen Fluidum befreit werden. Wegbereiter dieser Entwicklung war der portugiesische Priester *Abbé J. G. de Faria* (1755–1819), der während seiner Arbeit in Paris den unmittelbaren Zusammenhang zwischen gezielten Suggestionen und Hypnose entdeckte. Wahrscheinlich aufgrund seiner imposanten, also suggestiven Erscheinung gelang es ihm häufig, seine Patienten allein durch den kurzen Befehl »Dormez!« (»Schlafen Sie!«) schlagartig in Trance zu versetzen. Zudem erkannte er, daß bestimmte sprachliche Wendungen nicht nur einen hypnotischen Zustand erzeugen, sondern auch während der Hypnose erstaunliche Heilerfolge bewirken konnten.

Diese Erkenntnisse wurden einige Jahrzehnte später von dem schottischen Augenarzt und -chirurg *J. Braid* (1795–1860) durch systematische Untersuchungen erweitert und vertieft. Während seiner Behandlungen machte er die Entdeckung, daß die Fixierung eines glänzenden Gegenstandes zur Ermüdung der Augenmuskulatur führt und einen künstlich erzeugten Schlafzustand hervorruft, in dem der Patient besonders empfänglich für Suggestionen (z. B. zur Befreiung von Schmerzen) ist. Diese völlig entspannte körperlich-seelische Befindlichkeit bezeichnete er als »Hypnose« (griechisch: hypnos = Schlaf) – aus heutiger Sicht allerdings ein irreführender Begriff, da sich hypnotische Trance von echtem Schlaf in mancher Hinsicht unterscheidet. *Braid* erweiterte später seine organisch ausgerichtete Fixationsmethode durch psychologische Elemente, die auch heute noch Gültigkeit haben: Hypnotische Zustände lassen sich auch dann erreichen, wenn man die Gedanken und Vorstellungen eines Menschen – z. B. durch verbale Suggestionen – auf einen einzigen Punkt konzentriert. Damit war endgültig der Grundstein moderner Hypnose- und Suggestionsforschung gelegt.

Die französischen Hypnosetherapeuten *A. A. Liébault* (1823–1904) und *H. M. Bernheim* (1843–1919), Begründer der berühmten »Schule von Nancy«, rückten von der Fixationsmethode ab und verwendeten zur Einleitung und Durchführung ihrer Hypnosebehandlungen weitgehend verbale Suggestionen, also gezielte »wirksame Worte«. Dagegen experimentierte der wohl bekannteste französische Hypnotiseur *J. M. Charcot* (1825–1893) zu jener Zeit in einer Klinik für Geisteskranke teilweise noch mit spektakulären Hypnosemethoden, indem er seine ausschließlich hysterischen Patientinnen z. B. mit plötzlichen lauten Geräuschen oder Lichtblitzen in tranceartige Ausnahmezustände versetzte.

Der junge Wiener Arzt *S. Freud* (1856–1939) war von den Demonstrationen seiner französischen Kollegen tief beeindruckt – vor allem wohl

von der rätselhaften Macht, die von den »Hypnosemeistern« auf das Seelenleben ihrer Patienten scheinbar ausgeübt wurde. Doch als *Freud* dann selbst Hypnose anwandte, mußte er nach anfänglichen Erfolgen ernüchtert feststellen, daß seine Patienten keineswegs immer willenlos seinen Suggestionen folgten. Oftmals gelang es ihm nicht einmal, hypnotische Zustände hervorzurufen – einerseits wegen der (damals noch nicht erforschten) individuell unterschiedlichen Hypnotisierbarkeit des Menschen, andererseits aber auch, weil er offenbar kein besonders überzeugender Hypnotiseur war, wozu er sich ganz offen bekannte: »Als ich aber die Erfahrung machte, daß es mir trotz aller Bemühungen nicht gelingen wollte, mehr als einen Bruchteil meiner Kranken in den hypnotischen Zustand zu versetzen, beschloß ich, die Hypnose aufzugeben.« Nachdem *Freud* der Hypnose und damit auch der Suggestionsforschung den Rücken gekehrt hatte, begann er, das Seelenleben seiner Patienten anhand ihrer freien Einfälle bzw. Assoziationen sowie mit weiteren im Laufe der Zeit entwickelten psychoanalytischen Techniken (z. B. Traumdeutung) zu ergründen und zu heilen.
In den zwanziger Jahren wurde dann das von dem bekannten Berliner Nervenarzt *J. H. Schultz* entwickelte *Autogene Training* als neue Entspannungs- und Suggestionsmethode immer populärer. Auch bei diesem Verfahren stand die Hypnose Pate. *Schultz* erfuhr nämlich von zahlreichen Patienten, daß sie während der hypnotischen Trance u. a. bestimmte Wärme- und Schwereempfindungen wahrgenommen hatten. Sein Umkehrschluß war ebenso einfach wie scharfsinnig. Wenn man nämlich einer wachen Person solche typischen Hypnoseerfahrungen suggerierte, müßte sie eigentlich in einen tranceartigen Ruhezustand gelangen. In der Tat konnte *Schultz* in umfangreichen klinischen Untersuchungen nachweisen, daß die Suggestion bestimmter *Körperempfindungen* häufig eine Entspannung und Harmonisierung des gesamten Organismus hervorruft.
Diese auch heute noch bekannteste Methode konzentrativer Selbstentspannung wird in der Regel in Gruppensitzungen unter fachkundiger Anleitung vermittelt. In den ersten sechs Kursstunden zielen die Übungsformeln zunächst weitgehend auf körperliche Wahrnehmung und damit verknüpfte Vorgänge. Die Suggestion von Schwere führt zu einer Entspannung der Muskulatur, und die Vorstellung von Wärme erweitert die peripheren Blutgefäße. Die sogenannte Herzübung (»Herz

schlägt ganz ruhig und regelmäßig«) stabilisiert den Kreislauf, während eine suggestive Beeinflussung der Atmung (»Die Atmung ist ganz ruhig«) die Beruhigung des gesamten Organismus intensiviert. In weiteren Übungsstunden richten sich die Suggestionen dann auf eine verstärkte Durchblutung der inneren Organe (»Der Leib – bzw. das Sonnengeflecht – ist strömend warm«) sowie auf eine Entkrampfung des Kopfbereichs (»Die Stirn ist angenehm kühl«). Mit diesen Übungen, die regelmäßig trainiert werden müssen, ist die sogenannte *Unterstufe* des Autogenen Trainings abgeschlossen.
Allerdings beschränkt sich dieses Verfahren nicht allein auf körperliche Entspannung, sondern es empfiehlt auch den Einsatz »formelhafter Vorsätze«, die *jeden* organischen oder seelischen Bereich ansprechen können. Ebenso wie für die Körpersuggestionen werden für diese Formeln bestimmte verbindliche Regeln aufgestellt, die positiv und einprägsam, also möglichst kurz und rhythmisch sein sollen, wobei die besondere Wirksamkeit der Versform hervorgehoben wird. Suggestionen wie: »Ruhig und geborgen, bin ich frei von Sorgen« oder: »Alle Angst ist vorbei, ich bin fröhlich und frei«, aber auch Stabreime (»Ich erwache früh ganz fröhlich und frisch«) gelten als besonders eindringlich und therapeutisch intensiv.
Die *Oberstufe* des Autogenen Trainings verläßt nun die Ebene körperlicher Erfahrungen vollends und beschäftigt sich ausschließlich mit inneren Bildern und Begriffen wie z. B. Farbwahrnehmungen oder Vorstellungen konkreter Gegenstände und abstrakter Werte (Liebe, Frieden). Auch Übungen zur »Charakterbildung«, also zur Selbsterkenntnis, Selbstverwirklichung und zur Überwindung von »Leiden und Schwierigkeiten« gehören zum Fortgeschrittenenkurs und sollen mit bestimmten Formeln unterstützt werden: »Ich erkenne mich selbst«, »Ich trage meine Last«, »Ich ringe um mein Recht« oder: »Der Wille bleibt fest«. Den Abschluß dieses Kurses bilden schließlich gedankliche »Reisen« auf den Meeresgrund, auf eine Bergeshöhe oder in frei wählbare Phantasiebereiche – womit das Autogene Training seinen Anspruch unterstreicht, nicht nur ein »zudeckendes« Entspannungsverfahren zu sein, sondern auch eine »aufdeckende« psychotherapeutische Methode.

Der gemeinsame Nenner

Die *bewußte Autosuggestion,* die Beeinflussung in *Hypnose* und das *Autogene Training* werden in der Literatur häufig als recht unterschiedliche Ansätze dargestellt. Besonders die überzeugten Anhänger der jeweiligen Methode heben gern die Abgrenzungen und Gegensätze zu anderen »Schulen« hervor. Und doch verfolgen alle Suggestionsverfahren dasselbe Ziel: eine körperlich-seelische Entspannung, Harmonisierung oder Heilung des Menschen. Nüchtern betrachtet, sind die formalen und inhaltlichen Gemeinsamkeiten solcher Vorgehensweisen viel augenfälliger als ihre Unterschiede. Denn für alle Techniken dieser Art gelten übereinstimmende psychologische Grundsätze:

(1) Zur Beeinflussung körperlich-seelischer Vorgänge und Empfindungen werden *Suggestionen* (vornehmlich *Worte*) eingesetzt.

(2) Die jeweiligen Suggestionen erreichen den »Empfänger« entweder im Wachzustand oder in einer Befindlichkeit, die von leichter Entspannung bis zu tiefer Trance reichen kann.

(3) Der Entspannungsgrad eines Menschen hängt einerseits von der jeweiligen Situation sowie von gezielten Suggestionen ab (»Du bist ganz ruhig«) und andererseits von seiner *Fähigkeit* zur Entspannung bzw. Trance sowie seiner *Bereitschaft,* sich fallen zu lassen.

(4) Der Entspannungs- bzw. Trancezustand kann – mit und ohne Worte – durch ein suggestives Umfeld (gemütliche Atmosphäre, Musik), optische oder akustische Fixierung (blinkender Gegenstand, Metronom), Körpersuggestionen (Schwere, Wärme), seelische Suggestionen (Ruhe, Müdigkeit) oder »innere Bilder« (Imaginationen wie z. B. Farbvorstellungen oder Phantasiereisen) erreicht und vertieft werden.

(5) Die Wirksamkeit einer auf körperlich-seelische Vorgänge und Empfindungen gerichteten Suggestion hängt in hohem Maße von der Suggestibilität des »Empfängers« ab.

(6) Die Suggestibilität eines Menschen wächst mit zunehmender Entspannungs- bzw. Trancetiefe. Außerdem ist sie individuell sehr unterschiedlich ausgeprägt. Entgegen der allgemeinen Überzeugung spiegelt diese Eigenschaft keine Willensschwäche wider, sondern sie steht eher mit Attributen wie Selbstsicherheit, Kreativität, Phantasie oder Vorstellungskraft in Zusammenhang.

(7) Je geringer die *momentane* Suggestibilität eines Menschen ist, desto

eindringlicher und intensiver müssen Darbietung sowie Inhalt einer Suggestion sein, um ihn wirklich zu erreichen.
(8) Suggestionsverfahren, die in *Selbsthilfe* angewandt werden, haben sich für das körperlich-seelische Gleichgewicht des Menschen als äußerst segensreich erwiesen. Trotzdem vermögen sie weder innere und äußere Konflikte zu lösen, noch sogenannte neurotische Störungen zu beseitigen. Sie können also notwendige psychotherapeutische Behandlungen lediglich sinnvoll *ergänzen,* aber nie *ersetzen.*

Suggestionsverstärker

Die typischen Merkmale und gemeinsamen Gesetzmäßigkeiten aller Suggestionsverfahren lassen nun leicht nachvollziehen, warum die Pioniere der Suggestionsbehandlung über zahllose – teilweise sensationelle – Erfolge berichten konnten. Denn einerseits sprechen viele Menschen ohnehin sehr gut auf »wirksame Worte« an, und andererseits verwenden alle Techniken dieser Art zusätzliche Suggestionsverstärker. So können auch weniger suggestible Personen beeinflußt und deren oftmals hinderliche vernunftgesteuerte Abwehr überlistet werden. Während die bewußte Autosuggestion auf eine möglichst häufige mechanisch-monotone Wiederholung positiver Formeln setzt, empfiehlt das Autogene Training einen gemäßigteren Einsatz sprachlicher Wendungen, deren Wirksamkeit aber durch ihre Kürze, Prägnanz und Rhythmik verstärkt wird. Der wichtigste Unterschied zwischen beiden Methoden besteht darin, daß das Autogene Training in erster Linie auf eine allgemeine *körperliche Entspannung* zielt, die allein schon eine äußerst wohltuende und harmonisierende Wirkung auf den gesamten Organismus ausübt. Die bewußte Autosuggestion hingegen legt ihren Schwerpunkt vor allem auf Worte und Vorstellungen, also auf eine eher *geistige Beeinflussung* des Menschen.
Als besonders intensiver Suggestionsverstärker hat sich seit jeher tiefe hypnotische Trance erwiesen. In diesem ausgeprägten körperlich-seelischen Ruhezustand erreicht die Suggestibilität des Menschen nämlich ihre stärkste Form – nicht zuletzt, weil nun die »Bremswirkung« seines kritischen Verstandes in bemerkenswertem Maße aufgehoben wird. Einem Hypnotisierten kann beispielsweise mühelos eingeredet

werden, daß eine Zitrone zuckersüß schmeckt, ein Eiswürfel glühend heiß ist (was sogar eine Brandblase zur Folge haben kann!) oder quälende Schmerzen einfach nicht mehr wahrnehmbar sind. So verlockend es jedoch auch sein mag, Hypnose grundsätzlich als Suggestionsverstärker einzusetzen – für ein möglichst einfaches, generell anwendbares *Selbsthilfeverfahren* eignet sich diese Methode kaum. Denn die Erzeugung selbsthypnotischer Zustände erfordert fachkundige Anleitung sowie ausdauerndes Training, und die Intensität solcher Übungen erreicht nur selten den Grad der sogenannten Fremdhypnose. Zudem fehlt zahlreichen Menschen die Fähigkeit bzw. Bereitschaft, sich in einen künstlich hervorgerufenen Trancezustand fallen zu lassen, so daß nur wenige die Vorteile einer selbst erzeugten »klassischen« Hypnosewirkung nutzen können.
Doch in den letzten Jahrzehnten wurde eine Reihe von *sprachlichen* Suggestionsverstärkern entdeckt, durch die auch *Wachsuggestionen* unsere körperlich-seelischen Vorgänge in ähnlich tiefgreifender Weise beeinflussen können wie »hypnotische Befehle«. Der bedeutendste Begründer und Wegbereiter dieser modernen Suggestionstechniken war der amerikanische Arzt und Psychotherapeut *M. Erickson*[1], der während seiner mehr als vierzigjährigen Forschungsarbeit und Praxistätigkeit immer wieder nachgewiesen hat, daß sogar schwerwiegende körperliche Beschwerden oder seelische Störungen allein mit Hilfe geschickt zusammengestellter Suggestionsmuster, ja allein durch beiläufig eingestreute bestimmte »wirksame Worte« behoben werden können. *Erickson* entwickelte für den gesamten psychotherapeutischen Bereich sowie für die Suggestions- und Hypnoseforschung zahlreiche ebenso kreative wie nützliche Innovationen. Drei seiner grundlegend neuen Erkenntnisse spielen auch bei der Zusammenstellung und Anwendung unserer Suggestionsprogramme eine wesentliche Rolle:
(1) Hypnotische Trance stellt sich häufig nicht als künstlicher Ausnahmezustand dar, sondern als eine völlig alltägliche Erfahrung, die von kurzer, intensiver Aufmerksamkeit bis zu nachhaltigem Erleben, vom Tagtraum bis zur tiefen Versunkenheit reichen kann. Auch beim Einschlafen oder Erwachen durchläuft der Mensch tagtäglich kurzfristig jenen Sektor seiner Befindlichkeit, der als Trancezustand bekannt ist. Diese (hypnotische) Konzentration des Bewußtseins auf

einen einzigen Punkt wurde von *Erickson* treffend mit »Faszination des Augenblicks« umschrieben.

(2) Das sogenannte Unbewußte (der Begriff »Unterbewußtsein« wird häufig synonym verwendet) ist keineswegs ein phantasieloser Befehlsempfänger, der ausschließlich auf möglichst kurze, einfache, stereotype Formeln anspricht. Der im wesentlichen von der rechten Hirnhälfte gesteuerte schöpferisch-kreative Bereich unserer Persönlichkeit neigt zwar dazu, sprachliche Botschaften wörtlich zu nehmen, allerdings nicht allein aufgrund einer gewissen »kindlichen Naivität«, sondern auch wegen seiner besonders farbigen, plastisch-bildhaften Vorstellungskraft.

(3) Während befehlsartige Anweisungen, Aufforderungen und Ermutigungen (»Schließe jetzt deine Augen!«) nicht selten Widerstände provozieren, werden gewährende Suggestionen (»Du bist frei, deine Augen zu schließen – oder sie offen zu halten«) von vielen Patienten eher akzeptiert.

Aus diesen Gründen verzichtete *Erickson* in seinen Sitzungen oftmals auf eine formale und erst recht auf eine klassisch-monotone Einleitung des Trancezustandes. Für sein gesamtes hypnotherapeutisches Vorgehen bevorzugte er statt kurzer, direkter Suggestionen – der Kreativität des Unbewußten entsprechend – indirekte sprachliche Wendungen und bildliche Formulierungen wie z. B. Metapher, Gleichnisse oder komplexe Geschichten.

Auf diese Weise stellte er dem Ich seines Gegenübers einen größtmöglichen Raum zur *eigenen* Entfaltung zur Verfügung, wodurch von vornherein die Wirkung unbewußter Abwehrmechanismen verringert und die Einengung individueller Möglichkeiten verhindert wurde. *Erickson* zielte mit seinen Suggestionen also weniger auf eine von außen »aufgestülpte« körperlich-seelische Veränderung, sondern vielmehr auf die Anregung sogenannter unbewußter Suchprozesse, durch die seine Patienten – sozusagen »von innen heraus« – ihre Symptome (z. B. chronische Schmerzen) beseitigen, Konflikte verarbeiten sowie Probleme lösen konnten.

Ein alltägliches Beispiel macht diesen Vorgang deutlich. Sie wollen über eine bestimmte Person reden, aber Ihnen fällt der Name nicht ein. Sie überlegen, zermartern sich das Gehirn – und je mehr Sie Ihr Gedächtnis krampfhaft unter einen Erinnerungszwang setzen, desto weniger kommt Ihnen der rettende Einfall. Schließlich zucken Sie resigniert mit den Schultern und lenken das Gespräch auf ein anderes Thema. Doch nach ein, zwei Minuten stutzen Sie. Plötzlich – wie ein Blitz aus heiterem Himmel – fällt Ihnen der vergessene Name wieder ein, ohne daß Sie noch einen weiteren Gedanken daran verschwendet hätten. Was ist hier geschehen? Während Sie auf *bewußter* Ebene dem Gespräch folgten, lief parallel dazu in Ihnen ein *unbewußter* Suchprozeß ab. Wie ein Computer fand Ihr Gedächtnis die »verlorene« Information wieder – eben weil Sie die Suche nicht mehr mit Willensanstrengungen behinderten. Ähnlich verhält es sich auch mit anderen Alltagsproblemen. Je krampfhafter Sie darüber nachgrübeln, desto weniger wird sich eine Lösung einstellen. Sobald Sie Ihre Gedanken jedoch schweifen lassen oder auf andere Inhalte lenken, hat Ihr Unbewußtes Zeit und Muße, alle denkbaren Möglichkeiten der Problemlösung (die Sie zum Teil ja kennen, aber immer wieder ignoriert haben) durchzuspielen. Und plötzlich sehen Sie »Ihre« Lösung ganz klar und deutlich vor sich – ein Aha-Erlebnis, das Ihnen nicht durch Ihre Willenskraft, sondern allein durch den kreativen Teil Ihrer Persönlichkeit beschert wurde.

Ihr Suggestionsprogramm

Sie haben mit Hilfe der bekanntesten Suggestionsforscher die wichtigsten psychologischen Zusammenhänge und Gesetzmäßigkeiten kennengelernt, durch die schlichte Worte zur Beeinflussung körperlich-seelischer Vorgänge eine erstaunliche Wirkung erlangen. In diesem Abschnitt wird Ihnen nun eine ganz einfache, praktische Methode aufgezeigt, mit der Sie die später vorgestellten *positiven* Suggestionsprogramme mühelos durchführen können – vorausgesetzt, Sie sind *wirklich* dazu bereit, sich *täglich* etwa 15 bis 20 Minuten lang Ruhe und Besinnung zu gönnen. Dieser Zeiteinsatz ist eigentlich sehr gering, wenn man bedenkt, daß Sie ja schon seit Jahrzehnten tagtäglich *negative* »Suggestionsprogramme« anwenden, deren Auswirkungen sich in Ihrem Körper und Ihrer Seele vielleicht als nachteilige Einstellungen, schädliche Gewohnheiten, gesundheitliche Beschwerden oder psychische Verdrießlichkeiten bemerkbar machen.

Sicherlich möchte niemand sich selbst absichtlich Schaden zufügen – und trotzdem bereiten wir uns wohl alle mehr oder minder durch gedankenlos ausgesprochene (oder gedachte) destruktive Selbstsuggestionen immer wieder neue Schwierigkeiten. Das wäre zwar durch etwas mehr Besonnenheit und Selbstkontrolle, also durch eine bewußtere Verwendung unserer Sprache durchaus vermeidbar, doch viel zu tief sitzen offenbar in uns all jene Zurechtweisungen, Mißbilligungen, Vorwürfe und Ablehnungen (und das heißt: negativ wirksame Worte), die – schon in frühester Kindheit erfahren – im Laufe der Jahre unsere Persönlichkeit immer mehr »besetzt« haben. Denn wer ständig vor Augen geführt bekommt, daß er wieder etwas falsch gemacht hat, daß er »unartig«, »faul« oder »dumm« ist, der wird sich früher oder später solche Untugenden selbst suggerieren: »Ich tauge ja sowieso nichts!« Negative Suggestionen in der Erziehung als eine wesentliche Ursache aller Unsicherheiten, Ängste oder anderer Persönlichkeitsprobleme – im Zeitalter liberaler Pädagogik? Um herauszufinden, wie »aufgeklärt« die moderne Erziehung wirklich ist, haben wir jahrelang mit zahllosen Kindern und Eltern gesprochen. Der erste Eindruck ist fast immer positiv. Freundlich lächelnde und verständnisvolle Menschen betreten die Praxis – an der Hand ihren »Sprößling«, der stottert oder bettnäßt, Schulschwierigkeiten hat oder Nägel kaut, »bockig« oder »verklemmt« ist, vielleicht sogar über Anzeichen eines beginnenden Magengeschwürs klagt. Gründe für diese Symptome gibt's wahrlich genug: die böse Schule und die schlimmen Nachbarskinder, das Fernsehen und die Reizüberflutung. »An uns kann es nun wirklich nicht liegen«, meinen die freundlichen und verständnisvollen Eltern im Brustton der Überzeugung. Und es fällt weiß Gott schwer, daran zu zweifeln. Trotzdem sind wir skeptisch und bitten um eine genaue Schilderung der kindlichen »Unarten«. Merkwürdig! Bei vielen Eltern verändern sich sogleich die Gesichtszüge. Die Hände beginnen in lebhaften Gesten ein temperamentvoll-aggressives Eigenleben, während die Worte unvermittelt gereizt klingen. Zuweilen richtet sich der drohende Zeigefinger direkt auf uns – als unfreiwillig Angeklagte: »Und glauben Sie ja nicht, daß ich mir so etwas bieten lasse!« Erst ein entwaffnendes »Warum schimpfen Sie denn mit mir?« macht der Mutter oder dem Vater plötzlich den eingeschlagenen Tonfall bewußt. Indem wir versuchen, den Entrüstungssturm der Eltern aus der Sicht des Kindes zu erleben,

wird uns klar: »So sieht also das Erziehungsklima in dieser Familie aus!« Natürlich sollen Konflikte ausgetragen und nicht unter den Teppich gekehrt werden. Und ein kritisches oder unwirsches Wort ist gewiß nicht der Ursprung aller seelischen Probleme. Aber auch hier gilt: Die Menge macht's. Oder genauer: das Verhältnis von Anerkennung und Kritik, von Zuneigung und Ablehnung, also von positiven und negativen Suggestionen.
Eigene Untersuchungen an mehreren hundert Kindern[2] machten das weit verbreitete, oftmals krasse Mißverhältnis zwischen positiven und negativen Suggestionen in der Erziehung deutlich: Fünfjährige, die bereits mehr als 40000 Ablehnungen über sich ergehen lassen müssen und dagegen ein Bruchteil an Ermutigung und Anerkennung erfahren, sind eher die Regel und keinesfalls bedauerliche Ausnahmen. Ist es da verwunderlich, daß in unserer gesamten Gesellschaft, in Familie oder Beruf, positive Botschaften und zuversichtliche Gedanken allzuoft Stiefkinder des Miteinanders sind?
Machen Sie doch einfach mal ein kleines Experiment. Stellen Sie Ihren Bekannten ganz gezielt die eigentlich zur Floskel abgenutzte Frage: »Wie geht es dir heute?« und notieren Sie sich die jeweils von Ihrem »Interviewpartner« mitgeteilte Befindlichkeit. Eine kurze Analyse Ihrer Notizen wird wahrscheinlich zu dem Ergebnis kommen, daß der überwiegende Teil dieser Selbstsuggestionen entweder *negativ* oder zumindest *einschränkend* formuliert wurde: »Na ja, es geht so . . .«, »Es könnte besser gehen!«, »Nun gut, es muß halt . . .«, »Ganz gut, *(aber)* . . .«. Umgekehrt werden Sie bei Ihren Mitmenschen häufig Erstaunen, Verblüffung, vielleicht auch verhaltenen Neid erzeugen, wenn Sie die Frage nach Ihrer Befindlichkeit stets *positiv* oder zumindest *zuversichtlich* beantworten: »Danke, gut!«, »Mir geht's prima!« oder: »Ich habe zwar dieses oder jenes Problem – aber das werde ich bald geregelt haben.«
Wenn Sie nun die folgenden Schritte konsequent beherzigen, wird es Ihnen mit Sicherheit immer besser gelingen, Ihr Unbewußtes auf mühelose und sanfte Weise »umzuprogrammieren«.
Schritt 1: Ein positives Suggestionsprogramm wird Ihnen nur dann einen dauerhaften Erfolg bescheren können, wenn Sie Ihre negativen Vorstellungen und pessimistischen Äußerungen allmählich abbauen. Deshalb sollten Sie Ihre Gedanken und Worte in nächster Zeit einmal

genauer unter die Lupe nehmen. Prüfen Sie, wie oft Sie ein Mißgeschick beklagen, den Teufel an die Wand malen oder eine scheinbar hoffnungsvolle Formulierung durch das verräterische Wörtchen: *»aber...«* sogleich wieder entwerten und ins Gegenteil verkehren. Und achten Sie auch darauf, wie oft Sie eine Bagatelle mit »Katastrophenbezeichnungen« (wie z. B. furchtbar, schrecklich, grauenvoll, entsetzlich, verheerend) aufbauschen. Entscheiden Sie sich in Zukunft lieber für Redensarten wie: »Das ist schade (betrüblich, enttäuschend), doch ...« – und fügen Sie unmittelbar eine optimistische Zukunftserwartung an. Ihr Unbewußtes wird sich dann umgehend auf die Suche nach einer positiven Veränderung begeben!

Schritt 2: Da unsere zuversichtlichen und ermutigenden Leitsätze nicht aus einzelnen stereotypen Formeln bestehen (die man leicht auswendig lernen könnte), sondern aus komplexen Netzwerken wirksamer Worte, die Sie *lesen* müssen, werden Sie Ihr Suggestionsprogramm in bequemer Sitzhaltung durchführen. Sie können sich z. B. in einem Sessel niederlassen und Ihren Text auf dem Schoß halten; Sie können aber auch eine Sitzposition wählen, die auf den ersten Blick unbequem scheint, aber gerade für die Lektüre Ihrer Suggestionen besonders gut geeignet ist: Setzen Sie sich auf einen Stuhl und legen Sie Ihre Unterarme zwanglos auf einen Tisch, oder – wenn Sie mögen – stützen Sie Ihren Kopf in die Hände.

Schritt 3: Schaffen Sie sich eine angenehme, gemütliche Atmosphäre, indem Sie Ihr Programm möglichst in den Abendstunden bei gedämpftem Licht durchführen, und beugen Sie Störungen von außen (Telefon, Türklingel, Familienangehörige) vor. Besonders beruhigend wirkt sanfte Hintergrundmusik, deren Grundtempo bei etwa 60 Taktschlägen pro Minute liegt. Dieser Rhythmus besitzt nämlich eine intensive Suggestivkraft: Schon nach wenigen Minuten werden sich Ihr Puls und Ihre Atmung sozusagen »wie von selbst« auf Ihren individuellen Ruherhythmus einpendeln. Die entspannungs- und konzentrationsfördernde Wirkung von ruhiger und getragener Musik, die einem Metrum von 60 möglichst nahekommen sollte, wurde schon vor mehr als zwei Jahrzehnten von dem bulgarischen Arzt *G. Losanow* hervorgehoben und für seine revolutionäre suggestive Lernmethode (die unter der Bezeichnung »Superlearning« bekannt wurde) empfohlen.[3]

Schritt 4: Zünden Sie eine Kerze, ein Teelicht oder ein Öllämpchen an, und richten Sie Ihre Aufmerksamkeit in aller Ruhe auf die Flamme. Vertiefen Sie sich in das Leuchten vor Ihnen, und sagen Sie mehrmals halblaut (oder flüsternd) zu sich selbst: »Ich atme ruhig und gleichmäßig, ich bin gelassen und ausgeglichen, ich fühle mich wohl.« Falls Sie das Autogene Training beherrschen, können Sie sich selbstverständlich weitere Entspannungssuggestionen (z. B. Schwere, Wärme) geben. Erfahrungsgemäß führt aber bereits das Fixieren der Flamme in eine leichte »Alltagstrance« – nicht nur wegen der damit verbundenen Ermüdung der Augen, sondern auch, weil ein solches Licht aufgrund zahlreicher angenehmer Erfahrungen sogleich Ruhe, Entspannung und Beschaulichkeit assoziieren läßt.

Schritt 5: Schließen Sie nach etwa zwei bis drei Minuten Ihre Augen und »tauchen« Sie in ein angenehmes Vorstellungsbild ein – wie z. B. Meeresstrand, Blumenwiese, Bergwanderung. Natürlich können Sie sich auch abstrakte innere Bilder (wie Farbwahrnehmungen) vorstellen; denn Ihrer Kreativität sind bei dieser Phantasiereise keinerlei Grenzen gesetzt.

Schritt 6: Nach weiteren zwei bis drei Minuten malen Sie sich Ihr »Zielbild« (z. B. Idealgewicht, Nichtraucher) möglichst plastisch und lebendig aus. Entsprechende Anregungen sind der jeweiligen Suggestionsliste am Ende der einzelnen Kapitel vorangestellt. Diese (von *Coué* entwickelte) Übung können Sie schon nach etwa einer Minute beenden. Empfehlenswert ist, dieses kurze Imaginationstraining *konsequent* und *regelmäßig* abends vor dem Einschlafen und morgens unmittelbar nach dem Erwachen zu wiederholen.

Schritt 7: Öffnen Sie Ihre Augen und lesen Sie nun mit ruhiger (halblauter oder geflüsterter) Stimme die wirksamen Worte Ihres jeweiligen Programms. Obwohl sich die Suggestionen an Empfehlungen von *Erickson* orientieren, also keine beziehungslos nebeneinanderstehenden Formeln darstellen, sondern in ihrem Bedeutungsgehalt miteinander verknüpft sind, können Sie aus dem Gesamtangebot selbstverständlich eine Auswahl treffen. Streichen Sie getrost Sätze heraus, die auf Sie nicht so recht zutreffen oder die Ihnen nicht zusagen. Und ergänzen Sie Ihre Liste mit persönlichen »wirksamen Worten«, falls Ihnen der eine oder andere für Sie wichtige Gedanke fehlt. Achten Sie dabei aber unbedingt auf den allgemein anerkannten Grundsatz, daß Ihre Suggestionen – wenn irgend möglich – *positiv* formuliert werden sollten (z. B.: »Ich fühle mich frei!« anstatt: »Ich habe keine Angst!«).

Schritt 8: Lesen Sie Ihr Programm ein zweites Mal halblaut oder mit geflüsterter Stimme. Denn auch für jene, die auf eine häufige mechanisch-monotone Wiederholung eher mit Ablehnung reagieren, hat sich eine gemäßigte zwei- bis dreimalige Gesamtwiederholung eines längeren »Suggestionsnetzes« als akzeptabel und verstärkend erwiesen.

Schritt 9: Lesen Sie Ihr Programm zum drittenmal, jetzt aber »leise«, also ohne zu sprechen. Achten Sie darauf, daß Sie dabei Ihre Sprachmuskulatur *nicht* bewegen, sondern die Suggestionen wirklich nur *denken* – und damit ein Stück verinnerlichen.

Schritt 10: Schließen Sie nach der dritten Lektüre Ihres Programms erneut die Augen, und lassen Sie noch einmal Ihr »Zielbild« auftauchen. Nach etwa einer Minute öffnen Sie Ihre Augen wieder und kehren nun zurück ins Hier und Jetzt. Damit ist Ihre »Zwiesprache mit dem Unbewußten« beendet.

Konzentrieren Sie sich bei Ihrem *täglichen* Suggestionstraining zunächst nur auf *einen* Themenbereich (z. B. Übergewicht, Selbstbewußtsein stärken), und wiederholen Sie die entsprechenden wirksamen Worte ganz konsequent *mindestens* zwei, besser vier bis sechs Wochen lang. Schließlich müssen sich die positiven Leitsätze ja gegen oftmals jahrelang eingeschliffene negative Einstellungen und Gewohnheiten durchsetzen. Sobald Sie spüren, daß die Wirkung Ihres Suggestionsrituals eine gewisse Beständigkeit erreicht hat, können Sie die Häufigkeit der Übungen allmählich verringern. Denn nun sind Ihnen die ermutigenden und zuversichtlichen Worte und Gedanken wahrscheinlich schon zur zweiten Natur geworden, so daß Ihr Unbewußtes aufgrund der neugeknüpften Assoziationsketten die einzelnen Suggestionen immer rascher und intensiver aufnehmen und umsetzen kann. Jetzt erweist es sich auch als sinnvoll und ökonomisch, »Mischprogramme« zu verwenden, d. h. wichtige Suggestionen aus *verschiedenen* Kapiteln zu *einer* Übungseinheit zusammenzustellen. Geben Sie Ihr Training aber nie wieder ganz auf, sondern lassen Sie diese Minuten der Ruhe, Entspannung und Besinnung zu einer lieben Gewohnheit, zu einer regelmäßigen »Seelengymnastik«

werden, die Ihr gesamtes Wohlbefinden spürbar verbessern und stabilisieren wird.
Der Erfolg Ihres geistigen Trainings ist natürlich nicht nur von der Suggestivkraft der aufgeführten wirksamen Worte abhängig, sondern vor allem auch von Ihrer *echten inneren Bereitschaft* zur Veränderung. Wenn Sie von vornherein am Erfolg der Suggestionen zweifeln, können Ihre Übungen kaum fruchten. Setzen Sie sich also über mögliche Zweifel hinweg, und sagen Sie »ja« zu diesem leicht durchführbaren Verfahren, das nicht nur die wirksamsten Elemente bewährter Suggestionsmethoden enthält, sondern auch in jahrelangen Praxiserfahrungen seine hohe Effizienz erwiesen hat.
Und noch etwas sollten Sie beherzigen: Ihre Bereitschaft zur Veränderung braucht ganz konkrete, lebenspraktische Informationen und Anregungen, um sich verwirklichen zu können. Lesen Sie deshalb *unbedingt* die in den einzelnen Kapiteln dieses Buches zusammengefaßten wichtigsten und neuesten Erkenntnisse zum jeweiligen Themenkreis, befolgen Sie die verschiedenen Ratschläge, und nehmen Sie die dort vorgeschlagenen mentalen Trainingsschritte in das jeweilige Suggestions- und Imaginationsprogramm auf.

Variationsmöglichkeiten

Unsere wirksamen Worte haben sich nicht nur als *Selbstsuggestionen,* sondern auch als *Fremdsuggestionen* bewährt. In hypnotherapeutischen Sitzungen konnten wir immer wieder mit Erfolg auf diese suggestiven Wendungen zurückgreifen. Selbstverständlich sind auch Sie in der Lage, das Unbewußte anderer Menschen (z. B. Ihrer Familienangehörigen) damit positiv anzusprechen. Vor allem in der Partnerschaft läßt sich unser Suggestionsprogramm als ebenso entspannendes wie anregendes Wechselspiel zur Steigerung des allgemeinen Wohlbefindens anwenden. In solchen Fällen ist es zweckmäßig, daß Ihr Gegenüber nach seinen Imaginationsübungen seine Augen geschlossen hält, weil auf diese Weise eine mögliche Ablenkung durch störende Umweltreize vermieden wird. Bevor Sie die Suggestionen mit ruhiger, normal gesprochener Stimme lesen, sollten Sie noch überprüfen, ob bei Ihrem Gesprächspartner die Anrede »Du« (bzw. »Sie«) besser ankommt als das Fürwort »Ich«, das in einer *Fremd*suggestion auch möglich ist, aber nicht immer gern akzeptiert wird. In einer Versuchsreihe zur Anwendung verschiedener Personalpronomen innerhalb suggestiver Leitsätze stellten wir nämlich fest, daß »Ich«-Suggestionen manchmal als Bevormundung und Gängelung, d. h. als unzulässiger Eingriff in die persönliche Freiheit empfunden wurden.

Schließlich besteht noch die Möglichkeit, die vorgeschlagenen wirksamen Worte auf eine Tonkassette zu sprechen und (z. B. vor dem Einschlafen) als zusätzlichen Suggestionsverstärker abzuspielen. Die Intensität Ihres Trainings kann hierdurch in der Tat erheblich verstärkt werden, vorausgesetzt, Sie verfügen über das notwendige technische Verständnis sowie ein überdurchschnittliches Aufnahmegerät. Denn die Möglichkeiten eines normalen Kassettenrecorders sind meist begrenzt, so daß die Qualität solcher Amateur-Sprachaufnahmen in der Regel zu wünschen übrig läßt – ganz abgesehen von kaum vermeidbaren, störenden Nebengeräuschen, die den Wert der Suggestionen erheblich beeinträchtigen oder gar neutralisieren können. Deshalb haben wir zu jedem der folgenden Kapitel eine qualitativ hochwertige Tonkassette produziert, die Ihnen durch *passiv* aufgenommene wirksame Worte eine *sinnvolle* Ergänzung zu Ihrem *aktiven* Suggestionstraining bietet[4].

2 Übergewicht – kein unabänderliches Schicksal

»Du hast es gut! Kannst essen, was du willst, und bleibst trotzdem schlank. Da bin ich ganz anders veranlagt...« Gewiß haben Sie mit solchen Worten schon öfter seufzend Ihr schweres Los beklagt, denn ständig müßten Sie eigentlich auf Ihre Linie achten und kalorienbewußt leben. Vielleicht legen Sie ja auch in schöner Regelmäßigkeit eine Diät ein, in der Hoffnung, eines Tages doch noch Ihr persönliches Idealgewicht zu erreichen. Und der Erfolg? Gleich Null. Die mühsam abgehungerten Pfunde sind wenig später wieder »drauf«. Möglicherweise auch einige mehr. In der Tat ein zähes Ringen, ein fortwährendes Auf und Ab, ein verbissener und letztlich erfolgloser Kampf gegen Ihren heimlichen Erzfeind Nr. 1, das Essen.
Sie sind davon überzeugt, daß gegen Ihr Übergewicht kein Kraut gewachsen ist, weil Sie halt so veranlagt sind. Und deshalb müssen Sie sich wohl zeitlebens mit Kalorientabellen und Diätplänen auseinandersetzen, um Ihr Übergewicht wenigstens in halbwegs erträglichen Grenzen zu halten. Fürwahr trübe Aussichten. Denn es geht ja nicht allein um die vielen Entbehrungen, die Sie erdulden müssen, und um die gesundheitlichen Risiken, die mit dem Übergewicht verbunden sind. Auch Ihre Seele leidet. Ihr Selbstbewußtsein sinkt mit zunehmender Leibesfülle, und immer wieder werden Sie von Schuldgefühlen geplagt, wenn Sie wieder mal »gesündigt« haben. Eine Lösung ist offenbar nicht in Sicht. Sie neigen nun einmal von Natur aus zum Übergewicht – und damit müssen Sie leben. Wirklich?
Keineswegs. Denn die allermeisten korpulenten Menschen sind weder erblich vorbelastet noch durch irgendwelche Besonderheiten ihres Energiehaushalts oder durch Stoffwechselstörungen zum Dicksein verdammt. Eigentlich gibt es »von Natur aus« gar kein Übergewicht. Weder sinken Fische auf den Meeresboden, weil sie zu dick sind, noch fallen Vögel vom Himmel, weil sie zu schwer sind. Tiere brauchen keine Diät. Sie folgen allein ihrem Instinkt – solange sie nicht vom Menschen zu widernatürlichen Gewohnheiten verführt werden.

Auch der Mensch braucht keine Diät, um sein Wunschgewicht dauerhaft zu halten. Vielmehr sollte er lernen, seine mehr oder weniger vernachlässigten *instinktiven* Bedürfnisse genauer wahrzunehmen und ohne Selbstvorwürfe zu befriedigen. Sobald Sie nämlich genauer nach innen lauschen und intensiver genießen, werden Sie ganz automatisch *weniger* (und gesündere) Nahrung zu sich nehmen und trotzdem *mehr* Zufriedenheit empfinden. Dabei dürfen Sie getrost »sündigen« und ohne verstohlene Seitenblicke und Gewissenbisse auch *das* genießen, was Sie sich bislang oftmals schweren Herzens verboten haben – eben weil Sie irrtümlich in der Überzeugung lebten, daß Leckeres leicht dick macht. Wenn Sie ein anderes *inneres* Verhältnis zum Essen und Trinken gefunden haben, werden Sie überrascht sein, daß sie trotz solcher Genüsse *nicht* – wie befürchtet – weitere Pfunde zulegen, sondern allmählich abnehmen und Ihr einmal erreichtes »Traumgewicht« ganz ohne quälenden Verzicht halten können. Das ist keine Zauberei, sondern im wahrsten Sinne des Wortes natürlich.
Häufig gibt es für Gewichtsprobleme aber noch weitere Ursachen, die nicht allein durch Einstellungsänderungen auszuräumen sind: falsche Ernährungsgewohnheiten sowie (unbewußte) *psychische* Mangelerscheinungen, die nach *Ersatzbefriedigung* drängen. Also gilt es nicht nur, bestimmte natürliche Fähigkeiten neu zu beleben, sondern auch altvertraute Rituale aufzugeben, festgefügte Gepflogenheiten umzustellen und unterdrückte seelische Bedürfnisse und verborgene Konflikte aufzuspüren.

Abnehmen und schlank bleiben

»Wenn ich abnehme und mein Gewicht halten will, darf ich nur noch kalorienarme Nahrung zu mir nehmen. Also muß ich mich fortwährend einschränken – und das fällt mir ungeheuer schwer!« Diese weit verbreitete Meinung klingt einleuchtend. Trotzdem ist sie nicht richtig. Obwohl ein übergewichtiger Mensch immer wieder »sündigt« und meist mehrere verschiedene dickmachende Ernährungsgewohnheiten hat, nimmt er ja nicht ständig zu. In der Regel hält er sein Gewicht innerhalb einer gewissen Spannbreite konstant.
Demnach brauchen Sie gar nicht ihre gesamte Ernährung auf den Kopf

zu stellen, um abzunehmen und dauerhaft schlank zu bleiben. Es reicht völlig aus, *die eine oder andere* Gewohnheit zu ändern. Und was liegt dann näher, als sich vor allem jener mechanisch ablaufenden (meist ungesunden) Eßrituale zu entledigen, die Ihnen keinerlei kulinarischen Lustgewinn bereiten, sondern – im Gegenteil – hauptsächlich für Ihren Kummer verantwortlich sind? In der Tat essen und trinken Sie allzuoft Dinge, die Sie im Augenblick eigentlich gar nicht mögen. Machen Sie sich diese paradoxe Gepflogenheit bewußt, indem Sie die folgenden Empfehlungen in aller Ruhe aufnehmen und nachvollziehen.

Selbstverständlich können Sie Ihr Übergewicht zunächst einmal mit Hilfe einer *ausgewogenen (!)* Diät abbauen. Der alsbald sichtbare und spürbare Erfolg wird Ihre Entschlossenheit weiter festigen, Ihr neues Ernährungskonzept zielstrebig zu verfolgen. Es versteht sich von selbst, daß dabei *gesundheitsbedingte* Ernährungsvorschriften auf jeden Fall einzuhalten sind. Im übrigen gilt auch für Sie der allgemein anerkannte Grundsatz, daß körperliche Aktivitäten in erheblichem Maße Ihr Bemühen um eine gute Figur unterstützen.

Echte innere Bedürfnisse

Kennen Sie diesen Appetit auf etwas *ganz Bestimmtes,* der aus Ihrer tiefsten Seele kommt und Sie manchmal wie aus heiterem Himmel überfällt? Die amerikanischen Psychologen *L. & L. Pearson*[5] haben in dieser fundamentalen Empfindung einen ganz wichtigen Schlüssel zur Lösung von Gewichtsproblemen gefunden: Wenn Sie genau darauf achten, welche Speisen und Getränke in Ihnen gerade »summen« (so die Bezeichnung der Autoren für diesen inneren Appetit), und dieser wichtigen Botschaft spontan und ohne Gewissensbisse folgen, dann fühlen Sie sich – auch nach dem Verzehr geringerer Mengen! – alsbald rundherum satt und froh. Falls Sie jedoch diesen ganz spezifischen Hunger unterdrücken oder ignorieren wollen, führt er früher oder später zu Überreaktionen oder Bedürfnisverschiebungen. Entweder verschlingen Sie schließlich den heiß ersehnten »Stoff« (z. B. Schokolade) in beträchtlichen Mengen, oder Sie stopfen lustlos (vielleicht auch mit verhaltenem Appetit) andere Nahrungsmittel in sich hinein – bis sie zwar »voll«, aber keineswegs zufrieden sind. Ist es da nicht viel klüger und auch kalorienbewußter, gleich beim ersten »Summen« mit viel Genuß einen Riegel Schokolade, ein paar Salzerdnüsse oder ein aromatisches Würstchen zu verzehren? Das »Geheimrezept« der meisten schlanken Menschen ist tatsächlich ganz simpel: »Ich esse nur das, was mir gerade schmeckt.« Dagegen beklagen sich Übergewichtige ständig mit Worten wie: »Ich verzichte auf alles Mögliche und nehme trotzdem nicht ab.« Der feine Unterschied besteht darin, daß die einen ihren natürlichen Bedürfnissen folgen, während die anderen verzweifelt dagegen ankämpfen.

Das »Summen« bestimmter Nahrungsmittel wird aber auch aus einem anderen Grund häufig überhört: Speisen und Getränke, die man sieht oder riecht, haben oftmals eine verlockende Wirkung. Sie *machen* plötzlich Appetit, sie »winken« (wie *L. und L. Pearson* sagen), obwohl es Sie vielleicht nach etwas ganz anderem gelüstet. Wenn Sie nun trotzdem »zulangen«, werden Sie – um sich halbwegs gesättigt zu fühlen – wahrscheinlich viel mehr davon verzehren müssen als von »summender« Nahrung. So ist es nicht erstaunlich, was Wissenschaftler in zahlreichen Studien herausfanden: Übergewichtige werden vom verführerischen »Winken« leckerer Dinge, also von *äußeren* Reizen wesentlich stärker angesprochen als schlanke Menschen.

Experimentieren Sie deshalb zu unterschiedlichen Zeiten mit verschiedenen Nahrungsmitteln. Ihr Körper weiß genau, was Sie brauchen, und vermittelt Ihnen entsprechende Hunger-Signale. Lernen Sie also, Ihre wechselnden *inneren* (»summenden«) Bedürfnisse genauer wahrzunehmen und von *äußeren* (»winkenden«) Verlockungen zu unterscheiden. Und sobald Sie sicher sind, daß es in Ihnen »summt«, fragen Sie nicht lange nach Kalorien, sondern genießen Sie – ohne Wenn und Aber und ohne Schuldgefühle. Sie werden erstaunt sein, wie satt und zufrieden Sie sich dann fühlen und wie lange es dauert, bis Sie wieder Appetit verspüren. Übrigens: Wenn ein echter, tiefer Hunger Ihren Magen zwickt, dann »summt« in Ihnen sehr wahrscheinlich irgendeine warme, nahrhafte, sättigende Mahlzeit. Die Natur sorgt halt dafür, daß Sie sich gesund ernähren – auch wenn Sie sich nicht ständig den Kopf darüber zerbrechen.

Zeit zum Essen

Babys wissen, wann es Zeit zum Essen ist. Sobald sie Hunger haben, melden sie sich – unüberhörbar und eindeutig. Glücklicherweise geht man in den letzten Jahren mehr und mehr dazu über, kleine Kinder nicht nach der Uhr, sondern nach ihren Bedürfnissen zu füttern. Auch Kindergarten- und Schulkinder könnten diesem Prinzip mühelos folgen, wenn sie sich nicht dem »erwachsenen« Alltag fügen müßten. Alles zu seiner Zeit: Frühstück, Mittagessen, vielleicht eine Nachmittagsmahlzeit, dann Abendbrot. Das ist sicherlich oftmals kein Problem. Denn Kinder bewegen sich meist viel und brauchen eine entsprechende Energiezufuhr. Außerdem ist eine gewisse Regelmäßigkeit im familiären Tagesablauf nicht nur aus organisatorischen Gründen vielfach unumgänglich, sondern auch aus erzieherischen Erwägungen empfehlenswert. Nur ist das elterliche Nahrungsangebot häufig viel zu üppig – »vorsichtshalber«, damit das Kind nicht krank wird. Außerdem muß ja von einem braven Kind der Teller leergegessen werden, damit morgen die Sonne scheint. Und gleichzeitig gilt in zahlreichen Familien der Grundsatz: so wenig Süßes wie möglich! Das ist ungesund und schadet den Zähnen. Doch bekanntlich sind »verbotene Früchte« ja ganz besonders reizvoll – vor allem, wenn ihr »Summen« ständig unterdrückt werden muß.

Fazit: Noch heute leiden Sie möglicherweise unter wenig sinnvollen Konventionen – mit Ihrem Übergewicht. Lösen Sie sich deshalb von solchen »dickmachenden« Einstellungen, Zwängen und Gewohnheiten, denen Sie seit Ihrer Kindheit gefolgt sind. Entscheiden Sie nicht mehr nach der Uhrzeit, sondern nach Ihren inneren Bedürfnissen, ob Sie essen möchten oder nicht. Und: Wenn Sie keinen Hunger haben, lassen Sie getrost die eine oder andere Mahlzeit ausfallen – um so mehr werden Sie die nächste genießen können.

Intensiv genießen

Ganz typisch für viele Menschen, die zu Übergewicht neigen, ist es, daß sie einerseits zwischendurch gedankenlos und mechanisch essen, (bzw. knabbern, naschen oder lutschen), ohne dieser Angewohnheit wirklich gewahr zu werden. Und andererseits kontrollieren sie argwöhnisch jeden Bissen, den sie zu den »offiziellen« Mahlzeiten zu sich nehmen. Die tägliche Nahrungsaufnahme bewegt sich also im Spannungsfeld zwischen Leichtfertigkeit und Selbstvorwürfen. Wahrlich kein ungetrübter Genuß – zumal früher oder später der unterdrückte Heißhunger auf etwas ganz Bestimmtes (z. B. auf Süßigkeiten) ja doch plötzlich durchbricht und man erneut »sündigt«. Zum allerletzten Mal, versteht sich.

Folglich ist es viel angenehmer und sinnvoller, ein Stück Sahnetorte oder eine andere Leckerei genüßlich auf der Zunge zergehen zu lassen, anstatt sich dieses kleine Vergnügen zu verwehren. Auch dann, wenn Ihr körperlicher Bedarf an Zucker bereits gedeckt ist und Sie allein aus »psychologischem Appetit« naschen möchten. Denn sobald Sie Ihre Geschmacksempfindungen bewußter wahrnehmen und gelegentlich innehalten, um Ihre Gaumenfreuden in aller Ruhe auszukosten, brauchen Sie deutlich weniger Nahrung, um sich satt und zufrieden zu fühlen. Diese Empfehlung gilt freilich nicht nur für »verbotene Früchte«. Eigentlich sollten Sie ja alles, was Sie essen und trinken, als echtes Genußmittel empfinden.

Auf die Menge achten

Alles, was im Überfluß genossen, wird zu Gift. Nur: Gerade für Übergewichtige erweist sich eine konsequente Kontrolle der Nahrungsaufnahme allzuoft als schier unüberwindliche Hürde auf dem Weg zur ersehnten Schlankheit. Schließlich haben sie ja schon jahrelang mit der trügerischen Erfahrung gelebt, erst *dann* gesättigt zu sein, wenn sie sich ein gewisses Quantum einverleibt haben. Nicht etwa, weil ihr Magen zu groß geworden wäre, sondern weil sie (aus welchen Gründen auch immer) verlernt haben, ihr Sättigungsgefühl rechtzeitig zu erkennen. Tatsächlich läßt sich ein *körperlicher* Hunger, der den Magen zwickt, schon durch zwei, drei Bissen von *irgendetwas* besänftigen. Probieren Sie es doch einfach mal aus. Und beherzigen Sie möglichst auch folgende kleine Tricks:

(1) Machen Sie Ihren Teller grundsätzlich nur noch halb so voll wie bisher. Denn: Vermutlich hat sich die Formel »Teller leer = satt« fest in Ihr Unbewußtes einprogrammiert.

(2) *STOP,* bevor Sie ein zweites Mal zugreifen! Machen Sie erst einmal »Halbzeit«: Stehen Sie auf, gehen Sie durch die Wohnung, schauen Sie aus dem Fenster. Und: Lauschen Sie genau nach innen. Wie stellen sich Ihr Hungergefühl und Ihr Appetit dar? Fühlen Sie sich vielleicht schon jetzt satt und ausgefüllt? Oder »summt« in Ihnen noch ein leckeres Dessert? Kein Problem – Sie dürfen diesem *inneren* Verlangen getrost nachkommen.

(3) Vor allem für Restaurantbesuche gilt: Sie sind auch dann »brav«, wenn Sie Ihren Teller *nicht* leer essen, obwohl Sie als Kind (gewiß aus verständlichen Gründen) möglicherweise das Gegenteil gelernt haben. Denn es ist keineswegs eine Verschwendung, auf Überflüssiges zu verzichten – wohl aber, sich mit Überflüssigem vollzustopfen.

(4) Kleine »Häppchen« mit unterschiedlichem Belag oder Aufstrich zum Frühstück und Abendbrot sind viel reizvoller als zwei, drei ganze Brötchen oder Scheiben Brot, die Ihnen nur wenig Abwechslung bieten. Auf diese Weise gönnen Sie sich eine Reihe verschiedener Geschmacksrichtungen und nehmen trotzdem weniger Kalorien zu sich.

Standhaft bleiben

Alte Gewohnheiten ablegen und ganz konsequent neue Wege gehen – das ist leichter gesagt oder geschrieben als getan. Weniger aus mangelnder innerer Bereitschaft. Schließlich sind Sie ja nunmehr fest entschlossen, Ihr Wunschgewicht zu erreichen und zu halten. Jedoch Ihre lieben Mitmenschen sabotieren allzugern Ihre guten Vorsätze. Ob im Kreise Ihrer Familie oder bei Geselligkeiten mit Freunden und Bekannten – überall wollen wohlmeinende Verführer nur Ihr Bestes: »Nur noch ein klitzekleines Stückchen Torte . . .«, »Noch ein leckeres Kartöffelchen, das ist sehr gesund.« oder: »Greif zu! Du kannst ja morgen einen Obsttag einlegen.« Jetzt gilt es, standhaft zu bleiben. Wehren Sie sich freundlich, aber entschieden gegen solche Einmischungen in Ihre ganz persönlichen Bedürfnisse. Lernen Sie, mit Nachdruck »nein« zu sagen, wenn Sie nichts mehr zu sich nehmen möchten. Und machen Sie sich klar, daß die Beweggründe Ihrer Mitwelt keineswegs immer so edelmütig sind, wie es auf den ersten Blick scheint. Wer weiß – vielleicht beneidet man Sie ja insgeheim, weil Sie eine zusehends bessere Figur erkennen lassen.

Seelischer Hunger

Essen bedeutet freilich mehr als die Befriedigung physiologischer Bedürfnisse. Eigentlich läßt sich der *körperliche* Hunger gar nicht von *seelischen* Wünschen trennen. Schon der Säugling macht ja eine ganz elementare Erfahrung. Satt zu sein bedeutet für ihn auch umsorgt, geborgen, sicher, zufrieden, im wahrsten Sinne ausgefüllt zu sein. Die unmittelbare Verknüpfung von Nahrungsaufnahme und mütterlicher Nähe bleibt ein Leben lang in unserem Unterbewußten verankert. Auch die Vorliebe für oder Abneigung gegen spezielle Nahrungsmittel wird häufig schon in früher Kindheit durch angenehme oder betrübliche Erlebnisse geprägt. So kann allein schon der Duft einer Speise ganz bestimmte Erinnerungen wecken. Wir sehen: Es »summt« in uns nicht nur aus naturgegebenen, sondern auch aus psychologischen Gründen. In unserem Hunger verbirgt sich also auch eine mehr oder minder ausgeprägte Sehnsucht nach positiven Empfindungen und Gefühlen. Die verbreitete Lust auf Süßigkeiten beispielsweise läßt sich ebenfalls nicht allein durch die Befriedigung des Zuckerbedürfnisses oder durch eine mögliche stimulierende Wirkung dieser »Droge« erklären. Offenbar soll durch den Genuß von Süßem häufig auch ein ungestillter *seelischer* Hunger kompensiert oder innere Unruhe besänftigt werden. Das ist kein Problem, solange sich dieses (Ersatz-)Vergnügen in vernünftigen Grenzen hält. Falls Sie jedoch immer wieder dazu neigen, auf seelische Mangelerscheinungen und Spannungen mit einer ungezügelten (eigentlich lustlosen oder gar quälenden) »Eßlust« zu reagieren, sollten Sie unbedingt versuchen, die *wirklichen* Gründe für Ihr Unbehagen herauszufinden. Nagt vielleicht ein hinuntergeschluckter Ärger an Ihren Magenwänden? Haben Sie Langeweile? Oder sind Sie einfach nur müde? Fühlen Sie sich vom Partner mißverstanden? Sind Sie eventuell einsam? Und prüfen Sie im Anschluß an Ihre »Motivforschung« genau, was Ihnen tatsächlich fehlt. Vielleicht brauchen Sie mal wieder ein anregendes Gespräch oder eine fröhliche Geselligkeit. Möglicherweise sollten Sie Ihre Freizeit abwechslungsreicher gestalten, sich mehr Muße für Ihre Interessen gönnen, kurzum mehr aus Ihrem Leben machen. Wie auch immer – bemühen Sie sich darum, Ihre eigentlichen Wünsche herauszufinden und möglichst *auf direktem Wege* zu erfüllen. Denn: Sobald Sie sich seelisch satt fühlen, werden Sie mühelos auf eine riesige Kalorienmenge verzichten können.

Unbewußte Motive

Nicht immer ist es einfach, die Gründe für Gewichtsprobleme herauszufinden – vor allem dann nicht, wenn sich dahinter ein *unbewußter Sinn* verbirgt. In solchen Fällen entwickeln sich zuweilen gravierende, zwanghafte Eßstörungen, die sich jeder vernünftigen Kontrolle entziehen. Beispielsweise beklagen sich manche Übergewichtige darüber, daß sie aufgrund ihrer Leibesfülle keinen Partner finden. In Wirklichkeit stellt sich ihre seelische Problematik jedoch genau umgekehrt dar. Aufgrund einer verdrängten Bindungsangst haben sie sich ihr Übergewicht sozusagen als Schutz gegen eine (für sie gefährliche) Zweierbeziehung »zugelegt«. Jeder Versuch, den Betroffenen zu einem veränderten Eßverhalten zu bewegen, würde zwangsläufig so lange scheitern, bis er seine heimlichen Befürchtungen erkennt, akzeptiert und verarbeitet.
Ein anderes Beispiel: Die sogenannte Magersucht (Anorexia nervosa), unter der vornehmlich Mädchen in der Pubertät leiden, wird sich kaum durch die plausible Einsicht beheben lassen, daß eine Nahrungsverweigerung ungesund ist und sogar lebensbedrohlich werden kann. Erst nach der Aufdeckung verdrängter Ängste (z. B. Ablehnung der Frauenrolle) und der Lösung zwischenmenschlicher Konflikte (z. B. mit der Mutter) und durch eine Änderung entsprechender Lebensumstände wird sich das Eßverhalten wieder normalisieren können.
Falls bei Ihnen eine auffällige Eßstörung (d. h. ein zwanghaftes Zuviel oder Zuwenig) vorliegt, sollten Sie *unbedingt* psychologischen Rat in Anspruch nehmen. Auch wenn Sie ahnen, daß sich hinter Ihrem Hunger häufig ein Ersatzbedürfnis verbirgt, sollten Sie sich nicht scheuen,

diese unbewußten Zwänge in psychologischen Gesprächen zu überwinden. Denn Selbstsuggestionen können bei der überdauernden Änderung falscher Einstellungen und Gewohnheiten zwar eine wertvolle Hilfe sein, sollten aber auf keinen Fall als Ersatz für eine Psychotherapie bei symptomatischen Gewichtsproblemen mißverstanden werden.

Wirksame Worte für Ihr Wunschgewicht

Bevor Sie sich den positiven Suggestionsmustern widmen, sollten Sie Ihre *Imaginationsübung* nicht vergessen. Als besonders wirkungsvoll hat sich das Vorstellungsbild erwiesen: in Badekleidung an einem (südlichen) Strand. Selbstverständlich können Sie sich aber auch jede andere Situation ein-bilden, in der Ihre angestrebte »Traumfigur« besonders gut zur Geltung kommt. Beherzigen Sie möglichst auch den Rat, dieses »innere Bild« zusätzlich abends vor dem Einschlafen und morgens nach dem Erwachen auftauchen zu lassen.
In unsere Leitsätze werden zwölf wichtige Motivations- und Wirkungsbereiche einbezogen, die – mehr oder minder – mit Ihrem Übergewicht in Zusammenhang stehen:
- Falsche Einstellungen und Gewohnheiten ändern
- *Innere* Bedürfnisse (das »Summen«) genauer wahrnehmen
- Ihr Bewußtsein für genußvolles Essen und Trinken erhöhen
- Schuldgefühle abbauen
- Gegen Verführer (und »winkende« Nahrung) standhaft bleiben
- Unbewußte Kindheitserinnerungen (z. B. »Teller leer...«) löschen
- Angenehme Empfindungen gegen »seelischen Hunger« wecken
- Ihren Selbstwert akzeptieren und inneres Gleichgewicht finden
- Konflikte lösen und *nicht* mit Nahrung besänftigen
- Positive Vorstellungen (»innere Bilder«) verwirklichen
- Ihren Stoffwechsel durch positive Gedanken aktivieren
- Mehr Abwechslung und Spaß in der Freizeit finden

Wie bereits erwähnt, können Sie die folgenden Suggestionen selbstverständlich Ihrer ganz persönlichen Situation anpassen. Denken Sie aber daran, Ihre eigenen Texte unbedingt *positiv* zu formulieren!

Mein Unbewußtes entfaltet nun all seine Kräfte und Möglichkeiten.

Ich kann lernen, alte Gewohnheiten und Einstellungen zu ändern und neue, reizvolle Wege zu gehen.

Ich bin frei, mein Körpergewicht mühelos zu regulieren.

Ich kann viel intensiver genießen, wenn ich alles bewußter erlebe.

Sobald ich nur noch *das* genieße, was ich *wirklich* von innen heraus möchte, fühle ich mich rundherum wohl.

Es ist viel angenehmer, frei zu genießen, als lustlos in mir aufzunehmen, was ich in Wirklichkeit gar nicht mag.

Ich fühle mich wirklich erleichtert, wenn ich auf Belastungen verzichten darf.

Mein Unbewußtes kann mein Körpergewicht mühelos regulieren, wenn ich auf übermäßigen Ballast verzichte.

Erstaunlich, wie wenig ich zu mir nehmen muß, um wirklich rundherum zufrieden zu sein – sobald ich in Ruhe alle Sinnesempfindungen auskoste.

Ich kann meine echten, natürlichen Bedürfnisse wahrnehmen und zufrieden stellen.

Ich kämpfe nicht mehr gegen das Essen, sondern ich genieße es.

Ich kann neue Speisen ausprobieren, die mir Spaß machen.

Ich lerne, nur *das* zu essen, was ich wirklich will.

Ich kann all meine Sinne aufs Essen richten – und jeden Augenblick genießen.

Mein Unbewußtes zeigt mir, wie ich meinen Geschmack verfeinern kann.

Ich bin frei, meine echten inneren Bedürfnisse wahrzunehmen.

Ich spüre immer genauer, wann ich wirklich Hunger habe.

Ich finde immer besser heraus, was ich in einem bestimmten Augenblick will.

Ich spüre genau, wann ich satt und zufrieden bin.

Ich kann immer besser zwischen äußeren Reizen und inneren Bedürfnissen unterscheiden.

Wenn ich esse, was ich mag, brauche ich viel weniger und fühle mich dabei viel wohler.

Je besser ich meine Bedürfnisse beherzige, desto wohler fühle ich mich.

Je wohler ich mich fühle, desto natürlicher ist mein Bedürfnis nach Nahrung.

Ich werde neue Möglichkeiten finden, mit Essen und Trinken umzugehen.

Ich lerne, weniger zu essen, ohne auf Genuß zu verzichten.

Ich genieße in aller Ruhe jeden einzelnen Bissen.

Es macht mir Spaß, viele neue Möglichkeiten auszuprobieren.

Es fällt mir leicht, auf Dinge zu verzichten, die ich eigentlich gar nicht will.

Wenn ich wirklich in Ruhe genieße, brauche ich viel weniger zu mir zu nehmen.

Wenn ich weniger esse, empfinde ich mehr Befriedigung.

Mir wird immer klarer, warum ich in bestimmten Situationen Hunger bekomme.

Ich darf ohne Schuldgefühle auch meinen Heißhunger stillen.

Weniger essen befriedigt mich mehr.

Ich darf mich nach jeder Mahlzeit satt und zufrieden fühlen.

Mir werden die Gründe für meinen seelischen Hunger allmählich immer klarer.

Mein Gefühl der Erleichterung läßt mich leichter werden.

Ich kann viel leichter abnehmen, als ich es mir je erträumt habe.

Wenn ich in guter Stimmung bin, brauche ich keine überflüssige Nahrung.

Es ist viel leichter abzunehmen, als ich bislang glaubte.

Ich kann – früher oder später – mit meiner Figur rundherum zufrieden sein.

Ich brauche nicht zu verzichten, sondern lerne, anders zu essen und zu trinken.

Ich bin frei zu essen – und ich bin frei nicht zu essen.

Alte Eßgewohnheiten abbauen heißt neue Lebensfreude gewinnen.

Ich freue mich auf jede Mahlzeit, die vor mir liegt.

Erstaunlich, wie viele leckere leichte Sachen ich noch nie probiert habe.

Ich darf eine Mahlzeit ruhig ausfallen lassen.

Ich nehme immer genauer wahr, was ich wirklich brauche.

Ich beobachte genau, worauf ich Hunger habe.

Ich kann von Tag zu Tag viel bewußter essen und trinken.

Wirklich angenehm, daß ich beim Essen keine Schuldgefühle zu haben brauche.

Meine Lebensfreude steigt, wenn ich in Ruhe genieße.

Ich darf immer mehr Spaß am Essen haben.

Gesund essen heißt auch: mit Freude essen.

Ohne wirklich zu verzichten, habe ich früher oder später keine Gewichtsprobleme mehr.

Meine Umwelt wird sich über meine gute Figur wundern.

Ich kann mich so akzeptieren, wie ich bin.

Ich habe viele gute Seiten und freue mich darüber, mein Wunschgewicht erreichen und halten zu können.

Ich nehme immer genauer wahr, was ich wirklich mag.

Ich kann Mahlzeiten auslassen, wenn ich keinen Hunger habe.

Mein Körper weiß sehr genau, welche Nahrung er gerade braucht.

Ich kann mühelos »nein« sagen, wenn ich nicht essen oder trinken will.

Mein Unbewußtes macht es mir leicht, zu entscheiden, was ich zu mir nehmen möchte.

Früher oder später werde ich mein Gewicht ganz automatisch kontrollieren.

Es ist nur dann Zeit zum Essen, wenn ich Hunger habe.

Ich darf mir viel Zeit zum Essen nehmen.

Mein Selbstvertrauen steigt von Tag zu Tag.

Niemand kann meine neuen Eßgewohnheiten in Frage stellen.

Ich folge nur noch meinen eigenen Bedürfnissen.

Es macht mir Spaß, anderen zu beweisen, wie standhaft ich bin.

Befriedigende Tätigkeiten füllen meinen Körper und meine Seele aus.

Ich freue mich über jeden – noch so kleinen – Fortschritt, der mich meinem Ziel näher bringt.

Ich stehe zu meinen neuen Eßgewohnheiten.

Ich bin frei, meine Interessen zu erweitern.

Ich brauche mich nicht mehr gegen das zu wehren, was mir Spaß macht.

Ich esse für mich selbst – und nicht für Mama und Papa.

Ich bin auch dann brav, wenn ich meinen Teller nicht leer esse.

Mein Stoffwechsel ist besonders angeregt, wenn ich Spaß am Essen habe.

Ich werde meine Konflikte nicht durch Essen und Trinken betäuben.

Ich kann leckere Dinge einfach stehen lassen, wenn ich kein wirkliches Bedürfnis danach habe.

Ich werde – ganz automatisch – leichter essen und mir trotzdem alles gönnen.

Ich werde immer unabhängiger von äußeren Reizen und esse nach eigenen Bedürfnissen.

Es ist von allem genug da – ich kann in aller Ruhe essen.

Zufrieden werden bedeutet Veränderung – mein Unbewußtes zeigt mir neue Wege.

Ich lasse mich nicht mehr gegen meinen Willen zum Essen verführen.

Während ich abnehme, nimmt mein Spaß am Essen und Trinken zu.

Es fällt mir leicht, mein Bewußtsein beim Essen immer mehr zu schärfen.

Es gibt viele Dinge in meinem Leben, die mir Spaß machen.

Ich bin frei, früher oder später mein Wunschgewicht zu erreichen.

3 Nichtrauchen – Voraussetzung für ein gesundes Leben

Möchten Sie – eher halbherzig als entschieden – ausprobieren, ob Ihnen Selbstsuggestionen dabei helfen können, Ihr (eigentlich geliebtes) Laster aufzugeben? Dann werden Sie Ihre gesundheitsschädliche Gewohnheit – wenn überhaupt – höchstwahrscheinlich nur für einige Tage unterbrechen, um sie nach dieser Zwangspause erleichtert und mit stillem Vergnügen wieder fortzusetzen. Oder sind Sie nunmehr *wirklich ganz fest* entschlossen, das Rauchen *für immer* aufzugeben? Dann haben Sie sehr gute Chancen, dieses erstrebenswerte Ziel endlich zu erreichen. Denn letztlich ist ja allein *Ihre eigene* Motivation, *Ihr eigenes* echtes inneres Bedürfnis der Garant für einen dauerhaften Erfolg Ihrer Bemühungen. Diese äußerst wertvollen, aber leider oftmals zu schwachen »inneren Helfer« können Selbstsuggestionen in entscheidender Weise stärken, indem sie Ihre unbewußten Kraftquellen entfalten, Ihre Änderungsbereitschaft und Ihr Durchhaltevermögen fördern und Ihr Selbstvertrauen sowie Ihr Wohlbefinden steigern.

Doch Ihr Entschluß, Nichtraucher zu werden, hat für Ihre Gesundheit und damit für Ihr gesamtes weiteres Leben eine viel zu große Bedeutung, um ein Gelingen dieses Vorhabens durch einen überstürzten oder unsystematischen Ausstiegsversuch in Frage zu stellen. Planen Sie deshalb den Abschied vom Nikotin so gründlich wie möglich! Arbeiten Sie zunächst die folgenden Seiten sorgfältig durch, und scheuen Sie sich nach der Lektüre nicht, den wichtigen Schritt zum überzeugten Nichtraucher eventuell durch eine weitere Hilfsmöglichkeit abzusichern, wie z. B. Akupunktur, Gruppentherapie oder eine medikamentöse Unterstützung. Denn vor allem bei starken Rauchern ist die Abhängigkeit vom »blauen Dunst« und vom (vermeintlich) psychologischen Gewinn durch das Rauchen nicht selten so groß, daß ein *einzelnes* Entwöhnungsverfahren nicht ausreicht. In solchen Fällen ist die Kombination von zwei oder mehreren Methoden empfehlenswert. Doch ganz gleich, welches zusätzliche Mittel Sie wählen –

Selbstsuggestionen können Sie *in jedem Fall* ganz entscheidend dabei unterstützen, für immer von der Zigarette, Zigarre oder Pfeife loszukommen.

Welcher Rauchertyp sind Sie?

Bevor Sie sich nun ganz konkrete Gedanken über Ihren Ausstieg machen, sollten Sie sich darüber im klaren sein, zu welcher Kategorie »Raucher« Sie wahrscheinlich gehören. Denn zwischen dem Erfolg einer Entwöhnungsmethode und der Intensität Ihres Tabakkonsums besteht verständlicherweise ein enger Zusammenhang. Um Ihren Entwöhnungsversuch optimal zu planen, sollten Sie sich also zunächst in eine der folgenden Gruppen einordnen:

(a) Sind Sie ein *Gelegenheitsraucher?* Dann haben Sie sehr gute Chancen, ohne große Mühe *allein* mit Selbstsuggestionen vollends dem Nikotin ade zu sagen – vor allem dann, wenn Sie nur oberflächlich »paffen«. Schließlich gelingt es Ihnen ja auch ohne irgendein Hilfsmittel, tagelang nicht zu rauchen.

(b) Zählen Sie zu den sogenannten *Gewohnheitsrauchern,* die etwa 60 bis 70 % aller Tabakkonsumenten ausmachen? Auch dann bestehen für Sie gute Aussichten, *allein* mit Suggestionen (und Ihrer echten Bereitschaft, versteht sich!) Nichtraucher zu werden. Nur: Um einem möglichen Mißerfolg vorzubeugen, sollten Sie immer dann eine weitere Entwöhnungsmethode mit einbeziehen, wenn Sie auch nur leise Zweifel daran hegen, den Absprung wirklich zu schaffen.

(c) Falls Sie täglich Ihren »Stoff« in großen Dosen brauchen und überdies den Tabakqualm in vollen, vielleicht auch gierigen Zügen inhalieren, sind Sie sehr wahrscheinlich ein *Suchtraucher.* Da Sie Ihrem Körper – vielleicht schon jahrelang – besonders viele Schadstoffe zugeführt haben, ist für Sie der Abschied vom Nikotin äußerst dringlich, möglicherweise sogar lebensnotwendig. Erfahrungsgemäß werden Sie in den ersten Tagen Ihres Verzichts nicht nur körperliche Entzugserscheinungen, sondern auch einen starken seelischen Drang zum heißgeliebten Tabak verspüren. Planen Sie deshalb Ihren Ausstieg möglichst gemeinsam mit einem fachkundigen Arzt, der Ihnen mit entsprechenden medizinischen Hilfsmitteln über die ersten (wirklich nicht ganz einfachen) Tage der Abstinenz hinweghelfen kann. Fassen Sie außerdem weitere begleitende Maßnahmen – wie z. B. Hypnose, Akupunktur oder eine Entwöhnungskur – ins Auge, wodurch Ihre Standhaftigkeit zusätzlich gestärkt werden kann. Gezielte Selbstsuggestionen werden Ihre Bemühungen nicht nur in den schwierigeren ersten zwei, drei Wochen spürbar unterstützen, sondern Sie auch später davor bewahren, wieder rückfällig zu werden.

Die Übergänge zwischen diesen Kategorien sind selbstverständlich fließend. Als Faustregel gilt: Je länger Sie schon rauchen, je häufiger Sie den Tabakgenuß brauchen *und* je intensiver Sie den Rauch einatmen, desto eher sollten Sie sich als *Suchtraucher* betrachten (auch wenn Ihnen diese Vorstellung im Augenblick nicht sehr gefällt) – und desto notwendiger ist es, Ihren Ausstieg mit Hilfe *mehrerer* Methoden in Angriff zu nehmen.

Schlußpunkt oder Ausstieg auf Raten?

Vielleicht haben Sie schon eine Reihe von Tricks erwogen oder auch ausprobiert, um Ihren Tabakkonsum allmählich zu senken. Eine solche Selbstkontrolle kann Ihnen durchaus dabei helfen, weniger Schadstoffe zu sich zu nehmen. Und manchem Raucher ist es auch schon gelungen, sich zunächst in kleinen Schritten und schließlich vollends vom Nikotin zu lösen. Allerdings: Dieses Vorgehen erfordert ein besonders hohes Maß an Selbstdisziplin und Durchhaltevermögen, so daß die Gefahr eines Rückfalls und der damit zwangsläufig verbundenen Entmutigung des Betroffenen recht groß ist. In der Tat haben umfangreiche Erhebungen immer wieder gezeigt, daß mehr als 75% aller Ex-Raucher mit Hilfe der sogenannten *Schlußpunktmethode* – also von heute auf morgen – vom Nikotin losgekommen sind. Deshalb ist es auf jeden Fall empfehlenswert, den Ausstieg nicht auf Raten zu vollziehen, sondern einen festen Zeitpunkt ins Auge zu fassen. Achten Sie aber *unbedingt* darauf, daß Sie Ihren Schlußpunkt *nicht* in eine Phase beruflicher oder persönlicher Anspannung legen, da durch erhöhten Streß bekanntlich nicht nur der Tabakkonsum, sondern auch das Rückfallrisiko entwöh-

nungswilliger Raucher deutlich ansteigt. Wählen Sie also für Ihren Entwöhnungsversuch einen Zeitraum, in dem Sie möglichst wenig belastet werden, z. B. Ihren Urlaub.
Falls Sie die Schlußpunktmethode – aus welchen Gründen auch immer – nicht wählen möchten, können Sie freilich versuchen, durch *Selbstkontrolle in kleinen Schritten* allmählich Nichtraucher zu werden. Da dieser Weg jedoch ein höheres Rückfallrisiko birgt als ein Ausstieg von heute auf morgen, sollten Sie sich dabei nicht allein auf Ihre (vermutlich ohnehin nicht ganz so starke) innere Bereitschaft verlassen, sondern z. B. einen Entwöhnungskurs unter psychologischer Anleitung besuchen – oder mit einigen Gleichgesinnten eine Gruppe bilden, in der Sie dann Ihren schrittweisen Ausstieg gegenseitig kontrollieren können. Diese von Verhaltenstherapeuten empfohlene Methode enthält eine Reihe nützlicher Tips, die für einen Ausstieg auf Raten sehr hilfreich sein können, unter anderem:

- Kaufen Sie keine Tabakwaren mehr auf Vorrat.
- Wenn Sie das Bedürfnis haben zu rauchen, verlängern Sie die Zeitspanne bis zum Anzünden der Zigarette immer mehr.
- Wechseln Sie nach jeder Packung die Zigarettenmarke.
- Leeren Sie nach jeder Zigarette den Aschenbecher persönlich.
- Legen Sie die Zigarette nach jedem Zug aus der Hand.
- Bewahren Sie Ihre Tabakwaren immer so auf, daß Sie vor dem Rauchen erst durch die Wohnung laufen müssen.
- Rauchen Sie jede Zigarette nur noch bis zur Hälfte.
- Falls Sie »auf Lunge« rauchen: Inhalieren Sie immer weniger, zunächst nur noch jeden zweiten Zug, dann jeden dritten, jeden vierten usw.
- Tragen Sie kein Feuerzeug und keine Streichhölzer mehr bei sich, so daß Sie außerhalb Ihrer Wohnung andere um Feuer bitten müssen.
- Lehnen Sie jede angebotene Zigarette ab.
- Legen Sie das gesparte Geld für jede *nicht* gerauchte Zigarette in eine besondere Spardose.
- Halten Sie zunehmend mehr Situationen »rauchfrei«.

Rauchen Sie nicht mehr:
(a) im Schlaf- und im Badezimmer
(b) auf der Straße

(c) im Auto
(d) vor und nach dem Essen
(e) wenn Sie auf jemanden warten
(f) während der Arbeit
(g) bei geschäftlichen Besprechungen
(h) wenn Sie Hunger haben
(i) wenn Sie Alkohol trinken
(j) wenn Sie sich langweilen

Dieser Empfehlungskatalog ließe sich noch beliebig erweitern. Entscheidend ist, daß Sie einen *für Sie* gangbaren Weg finden, den Abbau Ihres Nikotinkonsums *systematisch* zu vollziehen und jeden Schritt *wirklich konsequent* durchzuhalten. Im übrigen kann man immer wieder beobachten, daß jene Raucher, die den Ausstieg auf Raten letztlich doch schaffen, ganz individuelle, kreative Tricks zur Selbstkontrolle entwickeln und auch sehr zielstrebig befolgen.

Die Gewinn-Verlust-Analyse

Der Psychotherapeut *K. G. Hinkelmann*[6] baut sein Trainingsprogramm für entwöhnungswillige Raucher auf einem wichtigen psychologischen Grundgedanken auf: »Raucher rauchen, weil ihnen das Rauchen mehr Vorteile als Nachteile, mehr Gewinne als Verluste einbringt.« Obwohl der Raucher sich dessen meist gar nicht bewußt ist, werden durch den Tabakkonsum eine Reihe kleiner, aber nicht unwesentlicher Wünsche erfüllt, die freilich individuell sehr unterschiedlich sein können. Solange der Raucher diese Bedürfnisse nicht erkennt und sie mühevoll unterdrückt, können sie sich immer wieder melden – und ein dauerhaftes Nichtrauchen spürbar erschweren. Das Trainingsprogramm umfaßt fünf Schritte:

Schritt 1: Notieren und analysieren Sie sorgfältig alle persönlichen Bedürfnisse und Motive, die für Sie einen »Gewinn« durch das Rauchen ausmachen (wie: Genuß und Behaglichkeit, Entspannung und Ausgeglichenheit, Förderung der Konzentration und Kreativität, Steigerung der Selbstsicherheit und Kontaktfähigkeit, das Gefühl der Freiheit, Kontrolle des Körpergewichts).

Schritt 2: Notieren und analysieren Sie alle Nachteile, die das Rauchen für Sie hat (wie: gesundheitliche Risiken, finanzielle Aufwendungen, konditionelle Schwächen, verqualmte Wohnung).
Schritt 3: Gewichten Sie jeden von Ihnen notierten Vor- und Nachteil des Rauchens mit Werten von 1 bis 5 (1 = unwichtig, 2 = eher unwichtig, 3 = eher wichtig, 4 = wichtig, 5 = sehr wichtig). Addieren Sie die Punktwerte beider Listen getrennt und vergleichen Sie die Ergebnisse. Höchstwahrscheinlich werden Sie jetzt die zugrunde liegende Ursache erkennen, warum Sie nach wie vor Raucher sind: Der »blaue Dunst« bringt Ihnen – aus subjektiver Sicht – deutlich mehr Vor- als Nachteile.
Schritt 4: Suchen Sie alternative Befriedigungsmöglichkeiten für Ihre »Raucherbedürfnisse«, die im wesentlichen nach Genuß, Entspannung, Selbstsicherheit, geistiger Anregung, Anerkennung und Freiheit streben.
Schritt 5: Der Ausstieg.

Weitere Tips für Ihren Ausstieg

Ganz gleich, welcher Rauchertyp Sie sind, welche zusätzlichen Entwöhnungsmethoden Sie neben den Selbstsuggestionen anwenden möchten und ob Sie die Schlußpunktmethode oder den Ausstieg auf Raten bevorzugen – für den »Tag X« sollten Sie bestens gerüstet sein. Beherzigen Sie deshalb auch folgende Empfehlungen, die der bekannte Entwöhnungsexperte *F. Schmidt* in seiner jahrelangen Arbeit mit Tausenden von Rauchern zusammengestellt hat – und die auch Ihre Bemühungen um ein »rauchfreies« und gesundes Leben wesentlich unterstützen können[7]:

(a) Ihr Raucherentwöhnungsversuch sollte erst dann beginnen, wenn Sie sich zu einem klaren Entschluß durchgerungen haben.
(b) Informieren Sie sich über die katastrophalen Wirkungen des Rauchens und die Vorteile des Nichtrauchens, weil es nicht nur darum geht, die erste Zeit nach dem Aufhören, die erfahrungsgemäß die schwerste ist, zu überbrücken, sondern auch eine ausreichende Motivation zur Rückfallverhütung zu schaffen. Nur der ausreichend motivierte Ex-Raucher bringt auf lange Sicht die Kraft auf, unaus-

bleiblichen Versuchungen zu widerstehen und auch Streßsituationen ohne Rückfall zu überstehen.

(c) Sie sollten sich darüber im klaren sein, daß Sie Ihre letzten Willensreserven mobilisieren müssen. Ganz besonders empfehlenswert ist deshalb der Rat, am entscheidenden Tag vor Familienangehörigen, Freunden und Arbeitskollegen zu erklären: »Ab heute rauche ich nicht mehr!« Auf diese Weise setzt Ihre Angst, sich zu blamieren, zusätzliche Willenskräfte frei.

(d) Vor allem in der ersten Zeit der Entwöhnung, ganz besonders in der ersten Woche, werden Sie wahrscheinlich leicht reizbar und nervös reagieren. Obwohl es ernste Entziehungssymptome (wie etwa bei Heroinsüchtigen) bei der Raucherentwöhnung nicht gibt, reichen bei unzureichender Motivation schon diese Übergangserscheinungen aus, um wieder mit dem Rauchen zu beginnen.

(e) Schlaf ist das beste Beruhigungsmittel der in der Entwöhnungszeit besonders beanspruchten Nerven. Zeitiges Schlafengehen während der Entwöhnungszeit ist deshalb ratsam.

(f) Versuchen Sie, Ihre Lebensweise umzustellen. Empfehlenswert: Sportliche Betätigung, Spazierengehen oder Wandern. Wenn möglich, kann ein halbstündiger Spaziergang nach einer Mahlzeit dazu beitragen, das Verlangen nach der gewohnten »Verdauungszigarette« zu unterdrücken. Zudem senken frische Luft und körperliche Bewegung schon für sich allein das Rauchverlangen.

(g) Zumindest in der ersten Woche sollten Sie die Gesellschaft rauchender Menschen meiden – nicht zuletzt, weil manche sich einen Spaß daraus machen, den angehenden Nichtraucher in Versuchung zu führen, um ihr eigenes schlechtes Gewissen mit der Schwäche anderer zu entlasten.

(h) Oft vermißt der angehende Nichtraucher das Ritual des Rauchens und vor allem die Betätigung der Mundwerkzeuge. Kauen von Kaugummi, Pfefferminz, Gewürznelken oder Trockenobst kann hier Ersatz sein.

(i) Bei medikamentöser Unterstützung ist der Wirkungsmechanismus der verwendeten Präparate zu berücksichtigen. Der entwöhnungswillige Raucher muß sich darüber im klaren sein, daß Medikamente zur Raucherentwöhnung nur helfen können, die erste Zeit zu überwinden, schon allein, weil die Wirkung jedes Medikaments zeitlich begrenzt ist. Danach muß er »auf eigenen Beinen stehen«.

(j) (Ehe-)Paare sollten sich zu einem gemeinsamen Entschluß durchringen, da das Rauchen des Partners eine der häufigsten Ursachen für Rückfälle ist.

(k) Insbesondere Raucherinnen fürchten um ihre schlanke Linie, wenn sie mit dem Rauchen aufhören. In einer umfangreichen Untersuchung von mehr als 1600 ehemaligen Rauchern wurde in der Tat bei etwa 50% von ihnen eine Gewichtszunahme festgestellt, die in den jüngeren Altersgruppen am stärksten ausgeprägt war. Erfolgte die Raucherentwöhnung erst etwa ab dem 44. Lebensjahr, kam es praktisch zu keiner Gewichtszunahme mehr.
Für die Gewichtszunahme nach einer Raucherentwöhnung gibt es im wesentlichen zwei Gründe: Einerseits sucht sich der frischgebackene Nichtraucher gern eine orale Ersatzbefriedigung. Andererseits wirkt sich offenbar auch das Nikotin selbst auf das Körpergewicht aus. Dieses Gift regt nicht nur die Produktion bestimmter Hormone an, die den Verbrennungsprozeß im Körper steigern, sondern es unterdrückt auch das Hungergefühl. Vor allem jüngere Entwöhnungswillige sollten also von vornherein durch eine Umstellung bestimmter Ernährungs- und Lebensgewohnheiten (sportliche Betätigung!) einer Gewichtszunahme vorbeugen.

(l) Sobald Sie das Rauchen eingestellt haben, sollten Sie immer daran denken: Es gilt jetzt nur noch *eine einzige* Zigarette zu vermeiden – die erste.

(m) Ein Rückfall ist kein Grund, die Flinte gleich ins Korn zu werfen. Machen Sie einen weiteren Versuch, am besten zusätzlich mit einer anderen Methode.

Diese wichtigen Empfehlungen eines erfahrenen Fachmanns machen eines ganz besonders deutlich: Je besser es Ihnen gelingt, Ihre Motivation zu steigern, desto eher können Sie sich – vor allem in den ersten Tagen der Entwöhnung – gegen den inneren Drang und gegen äußere Anreize, doch wieder zu rauchen, zur Wehr setzen. Ganz gleich, ob Sie nun auf eigene Faust Nichtraucher werden wollen oder ob Sie Akupunktur, Hypnose oder ein Entwöhnungsseminar bzw. eine -kur bevorzugen – in allen Fällen werden sich die Selbstsuggestionen als ein wirkungsvolles zusätzliches Hilfsmittel, sozusagen als ein universell anwendbarer »Entwöhnungsverstärker« auf Ihrem Weg zum Nichtraucher erweisen.

Wirksame Worte zur Raucherentwöhnung

Falls Sie sich zu einem Ausstieg auf Raten entschlossen haben, sollten Sie erst dann mit dem Suggestionstraining einsetzen, wenn Sie einen systematischen Plan zur Selbstkontrolle entworfen und schriftlich fixiert haben. Bevorzugen Sie indes die Schlußpunktmethode (was empfehlenswerter ist!), dann beginnen Sie mit Ihrem Suggestionsprogramm an fünf aufeinanderfolgenden Tagen *vor* Ihrem Ausstieg. Sobald Ihre Entwöhnung begonnen hat, sollten Sie während der ersten acht bis zehn Tage Ihr Programm möglichst zweimal täglich durchführen. Für die weiteren drei bis vier Wochen reicht erfahrungsgemäß eine tägliche Übung aus. Dann wird sich Ihre Ablösung vom Rauchen so weit stabilisiert haben, daß Sie die Unterstützung durch Ihre Autosuggestionen allmählich »ausblenden« können.

Wenn Sie Ihr geistiges Training konsequent anwenden, werden Sie Ihre (unbewußten) Kräfte mobilisieren, Ihr Durchhaltevermögen stärken, neue Befriedigungsmöglichkeiten für Ihre »Raucherbedürfnisse« anregen sowie den anfänglichen körperlich-seelischen Entzugssymptomen entgegenwirken. Tag für Tag wächst dann in Ihnen die feste Überzeugung, Nichtraucher zu sein und zu bleiben – womit Sie Ihrer Gesundheit zweifellos einen unschätzbaren Dienst erweisen.[8] Als *Vorstellungsbild* eignet sich z. B. ein Waldspaziergang: Sie genießen einen angenehm-warmen Sommertag und »inhalieren« in tiefen Zügen die gesunde, klare Luft. Empfehlenswert ist auch die Imagination, im Kreise guter Freunde eine Zigarette freundlich, aber entschieden abzulehnen und dabei mit berechtigtem Stolz zu sagen: »Nein, danke – ich rauche nicht mehr!«

Ich bin frei, meine alte schädliche Gewohnheit abzulegen und neue Möglichkeiten zu entfalten.

Wenn man vergißt, an etwas zu denken, ist es plötzlich nicht mehr spürbar.

Ich kann mein früheres Bedürfnis zu rauchen völlig vergessen.

Ich darf mein Verlangen nach Tabak aus meinem Gedächtnis streichen – und viele neue Möglichkeiten entdecken, wie ich mein Leben genießen kann.

Ich spüre eine große Erleichterung, endlich wieder frei und gesund atmen zu können.

Nichtraucher zu sein, gibt mir innere Sicherheit und Zufriedenheit. Ich werde bald wieder ganz frei atmen können.

Erstaunlich, wie konzentriert und kreativ ich bin und wie klar ich denken kann, wenn ich keinen schädlichen Rauch in mir aufnehme.

Ich kann mich morgens viel frischer und munterer fühlen und den Tag viel intensiver genießen, wenn meine Sinne nicht mehr durch Tabakqualm betäubt werden.

Mein Unbewußtes gibt mir die Kraft, meine alte schädliche Gewohnheit aufzugeben.

Ich fühle mich gelöst und frei, wenn ich mir als Nichtraucher viele neue Wünsche erfüllen kann.

Ich erkenne meine wahren Bedürfnisse immer genauer.

Lebensfreude heißt, mich weiterentwickeln, mich verändern, neue Wege finden.

Wirklich angenehm, wie leicht und entspannt ich als Nichtraucher leben kann.

Ich bin völlig frei, mich *gegen* das Rauchen zu entscheiden.

Nichtrauchen heißt: körperlich-seelische Freiheit genießen.

Eine tiefe Freude durchströmt mich, endlich Nichtraucher zu sein.

Mein Entschluß, Nichtraucher zu bleiben, festigt sich von Tag zu Tag.

Es macht mir Spaß, meine Mitmenschen mit meiner inneren Stärke zu verblüffen.

Entspannung, Gelassenheit und innere Ruhe kann ich als Nichtraucher viel leichter erreichen als früher.

Erstaunlich, wie viele zusätzliche Möglichkeiten das Leben bietet, wenn ich nicht rauche.

Eine tiefe Freude überkommt mich bei dem Gedanken, mein Leben intensiver und genußvoller zu leben.

Als Nichtraucher werde ich viel ruhiger schlafen und mich morgens frischer und munterer fühlen.

Meine Überzeugung, Nichtraucher zu sein, wird sich mehr und mehr festigen.

Ich werde viele neue Aktivitäten entdecken, die mir Spaß machen.

Jeder Gedanke an Tabak wird mir immer unangenehmer.

Jede Zelle meines Körpers wird sich von den Schadstoffen des Rauchens befreien.

Ich weiß, daß meine innere Bereitschaft stark genug ist, um Nichtraucher zu bleiben.

Ich kann locker und ungezwungen mit meinen Mitmenschen umgehen.

Ich entdecke viele neue Möglichkeiten, mein Leben zu genießen.

Gemütlichkeit, Entspannung, angeregter Genuß – das ist ohne Tabakqualm viel einfacher und schöner.

Als Nichtraucher kann ich mein Leben viel freier gestalten.

Ich spüre, wie meine innere Sicherheit immer mehr zunimmt.

Erstaunlich, wieviel zusätzliche Lebensqualität ich mir als Nichtraucher schaffen kann.

Ich kann stolz darauf sein, über den Tabak gesiegt zu haben.

Ich spüre mein körperlich-seelisches Wohlgefühl immer deutlicher.

Als Nichtraucher fühle ich mich gesund und kann mir viel mehr leisten.

Ohne schädlichen Tabakqualm werde ich viel belastbarer sein.

Ein wirklich verlockender Gedanke, anstatt zu rauchen, jedes Jahr zusätzlich eine traumhafte Urlaubsreise zu machen.

Ich freue mich darauf, mir viele Wünsche zu erfüllen, die früher im blauen Dunst aufgegangen sind.

Wirklich überraschend, wie viele neue angenehme Möglichkeiten mir das Leben ohne Tabakqualm bietet.

Als Nichtraucher werde ich die Ärgernisse des Alltags viel gelassener hinnehmen.

Meine unbewußten Kräfte stärken mein Selbstbewußtsein.

Ich werde mein Verlangen zu rauchen bald einfach vergessen – und durch *keine* andere schädliche Gewohnheit ersetzen.

Auch als Nichtraucher werde ich mich vernünftig und sinnvoll ernähren und mein Gewicht mühelos halten können.

Ich freue mich darüber, jetzt viel gesünder zu leben.

Körperliche Aktivitäten fallen mir viel leichter, wenn ich frei atmen kann.

Ich spüre, wie meine innere Bereitschaft, Nichtraucher zu bleiben, immer mehr zunimmt.

Der Geschmack von Tabakqualm ist unangenehm – ich inhaliere viel lieber die frische, klare Luft in der freien Natur.

Frischer Sauerstoff reinigt meine Atemwege und meine Lunge und strömt belebend durch jede Zelle meines Körpers.

Mein Selbstwertgefühl wächst mit meiner Überzeugung, Nichtraucher zu bleiben.

Auch in gemütlicher Runde fällt es mir ganz leicht, nicht mehr zu rauchen.

Ich kann jede angebotene Zigarette freundlich, aber entschieden zurückweisen.

Ich bin stolz darauf, Nichtraucher zu sein – ich freue mich über meine innere Stärke.

Erstaunlich, wie gelassen und selbstbewußt ich in gemütlicher Runde sein kann.

Ich werde auch dann überzeugter und standhafter Nichtraucher bleiben, wenn andere auf mich Druck ausüben.

Als Nichtraucher kann ich die Spannungen und Konflikte des Alltags gelassener verarbeiten.

Ärgernisse belasten mich viel weniger als früher.

In gemütlicher Runde kann ich Sprechpausen gelassen und entspannt ertragen.

Erstaunlich, wie behaglich und gemütlich das gesellige Beisammensein mit anderen ist, ohne daß ich nur einen Gedanken an das Rauchen verschwende.

Ich bin frei, meinen neuen Standpunkt auch gegen den Widerstand anderer zu behaupten und zu festigen.

Ich spüre ganz deutlich, wie stolz ich darauf bin, Nichtraucher zu sein.

Als Nichtraucher nehmen meine Kreativität, meine Lebensfreude und mein körperliches Wohlgefühl spürbar zu.

Mit jedem Tag, den ich Nichtraucher bleibe, erhöhe ich meine Zufriedenheit und Lebensfreude.

Ich kann mein Verlangen zu rauchen mühelos vergessen.

Mir fällt es immer leichter, jede angebotene Zigarette freundlich, aber entschieden zurückzuweisen.

Es ist sehr angenehm, mir viele neue Wünsche erfüllen zu können.

Erstaunlich, wie frei ich mich fühlen kann, wenn ich nicht mehr rauche.

Ich darf mein Verlangen zu rauchen wirklich völlig vergessen. Es wird für mich keinen Grund mehr geben, wieder zu rauchen. Nichtraucher zu sein bringt mir eine Menge Vorteile.

Ich habe volles Vertrauen zu mir selbst.

Wirklich angenehm, wie viele zusätzliche Dinge ich mir als Nichtraucher leisten kann.

Mein Entschluß, nicht mehr zu rauchen, wird zu einem festen Bestandteil meiner Persönlichkeit.

Ich genieße das Vergnügen, endlich Nichtraucher zu sein.

Ohne Tabak fühle ich mich zwangloser, behaglicher, gemütlicher, zufriedener.

Auch nach dem Frühstück, nach dem Mittag- und Abendessen atme ich lieber tief durch, anstatt zu rauchen.

Frohen Herzens genieße ich als Nichtraucher meine neugewonnene Freiheit.

Auch als Nichtraucher werde ich mein Körpergewicht halten und mich sinnvoll und gesund ernähren.

Wenn ich Nichtraucher bin, wachsen in mir Gelassenheit, Zufriedenheit, innere Ruhe und Harmonie.

Ich freue mich darauf, viele neue Möglichkeiten auszuprobieren, mein Leben als Nichtraucher rundherum zu genießen.

Mir gelingt es von Tag zu Tag besser und besser, mich ohne zu rauchen rundherum ausgeglichen und zufrieden zu fühlen.

Es macht mir Spaß und erfüllt mich mit Stolz zu sagen: »Nein danke, ich bin Nichtraucher.«

Es fällt mir ganz klar auf: „Nicht mehr als 2–3 (höchstens) Sätze!!!

4 Selbstbewußtsein – Schlüssel zum Lebenserfolg

Sie sollen bei einer größeren Feier – etwa hundert Gäste sind geladen – eine Ansprache halten. Sie erheben sich, und die lebhaften Gespräche verstummen schlagartig. Alle Augen sind auf Sie gerichtet – erwartungsvoll und interessiert, aber auch skeptisch oder gelangweilt. Wie fühlen Sie sich? Macht es Ihnen Spaß, diese ehrenvolle Aufgabe zu erfüllen? Freuen Sie sich darüber, der Zuhörerschaft Ihre Gedanken kundzutun? Oder ist Ihnen nicht so ganz wohl in Ihrer Haut, und hätten Sie am liebsten Ihren Auftritt schon hinter sich? Wie auch immer – vermutlich räuspern Sie sich und beginnen Ihre Rede mit etwas zaghafter Stimme. Hin und wieder werfen Sie einen flüchtigen Blick auf Ihr Manuskript, um den Faden nicht zu verlieren. Einem aufmerksamen Beobachter würde nicht entgehen, daß die Papiere in Ihrer Hand leicht vibrieren – oder?

Zuweilen mag es nur ein unmerkliches Zittern der Hände sein, vielleicht auch ein kühler Schauer im Nacken oder ein flaues Gefühl im Magen, plötzliches Erröten oder gar weiche Knie – solche Körperreaktionen, begleitet von einem peinlichen Unbehagen, sind verräterische Indizien für Unsicherheit, für mangelndes Selbstbewußtsein, zumindest in diesem Augenblick.

Allerdings gibt es wohl kaum einen Menschen, der sich immer und überall gelassen und locker fühlt. Eine Rede vor hundert Zuhörern dürfte wohl den meisten von uns nicht ganz geheuer sein. Verlegenheit oder Selbstzweifel sind also nicht krankhaft, sondern etwas ganz Menschliches. Denn erst die Fähigkeit, sich seiner selbst bewußt zu sein, ermöglicht ja das Gefühl von Unsicherheit und Befangenheit. Ein typisches Beispiel: Menschen, die heimlich fotografiert oder gefilmt werden, geben sich völlig natürlich. Sobald sie jedoch das kühle Auge der Kamera wahrnehmen, verändert sich ihr Verhalten schlagartig. Man fühlt sich beobachtet. Deshalb wirken Mimik, Gestik und Sprache plötzlich gekünstelt. Der Versuch, einen möglichst guten Eindruck zu hinterlassen, führt zu einer verstärkten Selbstkontrolle und damit fast zwangsläufig zu einer körperlich-seelischen Verkrampfung. Denn welcher Laie ist schon ein guter Schauspieler?

So paradox es klingen mag – Selbst-bewußtsein bedeutet im Grunde genommen Unsicherheit. Dieser Widerspruch kommt z. B. in der englischen Sprache durch den Begriff »self-conscious« zum Ausdruck, was wörtlich übersetzt »selbstbewußt« heißt, aber »befangen« bedeutet. Trotzdem wollen wir uns hier dem allgemeinen Verständnis anschließen und Selbstbewußtsein mit Selbstsicherheit oder Selbstvertrauen gleichsetzen. Obwohl jeder von uns schon Momente der Zaghaftigkeit oder Verlegenheit erlebt hat, gibt es in der Ausprägung individueller Selbstsicherheit große Unterschiede. Der eine gerät bereits ins Stottern, wenn er einen fremden Menschen ansprechen soll, der andere hingegen bringt beispielsweise die erwähnte Festrede ohne jede Beklemmung über die Bühne. Manche präsentieren stolz eine – objektiv gesehen – mäßige Leistung, während andere wiederum auch dann mit sich unzufrieden sind, wenn sie nahezu Geniales produziert haben. Unsichere Menschen haben überall mit größeren Schwierigkeiten zu kämpfen als lockere Zeitgenossen. Sie sind in ihrer Lebensfreude ebenso beeinträchtigt wie in ihrer Leistungsfähigkeit. Denn: Wer ständig an sich zweifelt, dem fehlt es bei der Bewältigung seiner Aufgaben und Probleme meist an »Biß«, an Durchsetzungsvermögen und Siegeswillen. Kein Wunder, daß selbstbewußte Menschen nicht nur zufriedener und vitaler, sondern meist auch erfolgreicher sind als unschlüssige und zaghafte Gemüter.

Positive Selbstsuggestionen sowie ein mentales Training können Ihnen dabei helfen, Ihr Vertrauen in Ihren eigenen Wert, in Ihre Möglichkeiten und Fähigkeiten spürbar zu festigen. Ihre positiven Leitsätze ermutigen Sie dazu, Ihre Aufgaben mit Zuversicht und Optimismus in Angriff zu nehmen, also beherzt zu *handeln,* anstatt in unschlüssiger Passivität zu verharren. Letztlich kann Ihr Selbstbewußtsein nämlich nur dann wachsen, wenn Sie sich mit den unterschiedlichen »kritischen« Situationen Ihres Lebens aktiv auseinandersetzen – und nicht vor ihnen weglaufen. Selbstsicherheit ist ja keine angeborene Tugend, kein Schicksal, sondern das Ergebnis eines kontinuierlichen, praktischen Trainings, das – eine positive Grundhaltung vorausgesetzt – zwangsläufig zu Erfolgserlebnissen führt.

Mit anderen Worten: Das
→ "kühle" Auge + Ohr
"ausbeamen"!! Abschalten!!

Negative Suggestionen: Gift für unser Selbstbewußtsein

Bereits in unserer Kindheit werden Selbstvertrauen, Zuversicht und Optimismus geprägt. Oder auch nicht. Das folgende Beispiel illustriert eindrucksvoll, wie eine dominante Erziehung die Entfaltung des kindlichen Selbstbewußtseins erschweren kann. Lassen Sie diese Szene in Ruhe auf sich wirken. Haben Sie vielleicht als Kind ähnliches erlebt? Oder verhalten Sie sich vielleicht heute – als Mutter oder Vater – in dieser Weise? Der fünfjährige Dirk wird von seiner Mutter in unserer Praxis vorgestellt, weil er »so furchtbar gehemmt« ist. Dieser Wesenszug des Jungen wird sofort offenkundig, als er das Spielzimmer betritt: Abrupt bleibt er unmittelbar an der Tür stehen; eine unsichtbare Barriere scheint ihm den Weg zu versperren. »Nun geh' doch!« fordert ihn seine Mutter auf, um gleich fortzufahren: »Setz dich da hin!« Willig folgt Dirk der Richtung ihres ausgestreckten Zeigefingers und setzt sich in eine Sofaecke. Nun berichtet die Mutter von den Schwierigkeiten des Kindes: »Also, das kennen wir eigentlich gar nicht: Mein Mann und ich sind völlig frei und ungezwungen, aber Dirk geht einfach nicht aus sich heraus. Wenn er in eine fremde Umgebung kommt, dann dauert es Stunden, bis er endlich auftaut.«

»Es ist ja auch gar nicht so einfach, sich bei fremden Leuten zurechtzufinden, nicht wahr?« Unsere an die Adresse des Jungen gerichtete Aufmunterung wird sofort erwidert – von seiner Mutter: ». . . aber er weiß doch, daß nichts passieren kann!«

»Und wie gefällt's dir im Kindergarten?«

Auch diese Frage wird ohne Atempause von Dirks Mutter beantwortet: »Da kennt er sich ja mittlerweile aus . . .!«

Im weiteren Verlauf des Gesprächs schildert sie die »tausend« Hemmungen ihres Sohnes, wobei sie ihm mehrfach ein knappes »Laß das!« zuwirft, als er zum Beispiel an seinem Ärmel zupft oder am Sofa herumfummelt.

Trotz hartnäckigen Gegensteuerns gerät das eigentlich vorgesehene Dreiergespräch immer mehr zu einem Monolog der Mutter. Deshalb schlagen wir vor, erst einmal mit Dirk allein zu spielen. Eine Ritterburg in der Zimmerecke weckt sein Interesse. Zögernd nähert er sich dem Spielzeug, ergreift vorsichtig einen Zinnsoldaten – und zuckt zusammen. »Aber nichts kaputt machen!« Seine Mutter ist im Türrahmen stehengeblieben, um jede Bewegung ihres Sohnes genauestens zu verfolgen. Nachdem sie schließlich den Raum verlassen hat, scheint Dirk merklich aufzuleben. Dennoch wirkt sein Spiel weder spontan noch phantasievoll. Man hat den Eindruck, als werde jede seiner Bewegungen von einer unsichtbaren Kraft kontrolliert, ja geradezu »ferngesteuert«. Nach geraumer Zeit wird er allmählich lebhafter, schlüpft in die Rolle eines Ritters und verkündet seine Entschlossenheit, die Burg auf jeden Fall zu erobern. Nachdem die Verteidigung der Festung zusammengebrochen ist und Dirks Heerscharen einen triumphalen Einzug gehalten haben, wecken plötzlich andere Gegenstände seine Aufmerksamkeit: »Darf ich mal die Schlange haben?« Das meterlange Stofftier wird gründlich untersucht. Danach läßt der kleine Entdecker zwei Marionetten – ein Kätzchen und ein Fabelwesen – nach seiner Regie tanzen, natürlich nicht ohne ein höfliches »Darf ich . . .?« vorauszuschicken. Ja, Dirk darf, er soll sogar! Denn für die Entwicklung und Entfaltung des Selbstbewußtseins gibt es wohl kaum etwas Wichtigeres als die spontane und ungezwungene »Eroberung« der Umwelt.

In zahlreichen Beratungsgesprächen lernen Dirks Eltern, ihre Dominanz abzubauen, ihre Einengungen zurückzunehmen und somit ihrem Sohn mehr Entfaltungsmöglichkeiten zu gewähren. Ermutigung und Anerkennung, also positive Suggestionen, erweisen sich nicht nur in der ersten Begegnung mit dem Jungen als geeignetes Mittel zur Lösung seiner Hemmungen. Dieses Vorgehen entpuppt sich schließlich generell als verblüffend wirksames Erfolgsrezept für eine Förderung und Stärkung seines gesamten Selbstbewußtseins.

In der psychologischen Praxis zeigt sich immer wieder: Menschen mit geringem Selbstvertrauen haben meist schon in ihrer Kindheit ein Übermaß an Einengungen und Unterdrückung, Kritik und Ablehnung sowie einen Mangel an Bestätigung und Zuwendung erfahren. Kein Wunder, daß eine solche »Suggestionsbehandlung« in vielen Fällen früher oder später eine schlimme Befürchtung zur *scheinbaren* Gewißheit werden läßt: »Ich bin nichts wert, ich tauge nichts, ich kann nichts!«

Jedoch: Ein zu geringes Selbstbewußtsein kann man dem Betroffenen keineswegs immer vom Gesicht ablesen. Vielen Menschen gelingt es, ihre Unsicherheit vor der Mitwelt zu verbergen oder gar den Eindruck

einer besonders starken Persönlichkeit zu vermitteln. Dieser seelische Kraftakt geht freilich auf Kosten erheblicher körperlich-seelischer Spannungen, wie unser zweites Beispiel zeigt:
Der Lebensweg des 30jährigen Ralf verlief zunächst völlig problemlos, zumindest in den Daten seines Lebenslaufs. Er beendete die Realschule mit Erfolg und machte eine Lehre als kaufmännischer Angestellter. Bei oberflächlicher Betrachtung entdeckt man auch gegenwärtig nichts Auffälliges in seiner Persönlichkeit. Dennoch begibt er sich in psychologische Behandlung, weil er – ohne daß man es ihm anmerkt – unter extremer Unsicherheit und panischer Angst vor Menschen leidet. Ständig bildet er sich ein, in abweisende Gesichter zu sehen – sei es in Gegenwart seiner Frau, seiner Arbeitskollegen oder fremder Personen. Zu einem freundlichen Lächeln, einem unbefangenen »Hallo!« oder einer entwaffnenden scherzhaften Bemerkung ist er nicht fähig. Sobald andere Menschen anwesend sind, fühlt er sich wie »zugeschnürt«. Ähnlich wie Dirk wurde er als Kind jahrelang unterdrückt und lernte schließlich, spontane Regungen oder Gefühlsäußerungen völlig unter Kontrolle zu halten. In seiner Hilflosigkeit trägt er noch heute jenes gewollt seriöse Gesicht zur Schau, das allgemein als »arrogant« mißverstanden und von anderen mit entsprechendem Unmut registriert wird. Seine zurückhaltende, verschlossene Haltung, hinter der sich eigentlich seine Angst vor Ablehnung verbirgt, führt schließlich zur Bestätigung seiner Fehlwahrnehmung, denn seine Mitmenschen begegnen ihm ihrerseits mit Argwohn oder frostiger Zurückhaltung. Woher sollen sie wissen, daß hinter seiner abweisenden Fassade lediglich mangelndes Selbstbewußtsein steckt?
In diesem Beispiel deutet sich ein verhängnisvoller Teufelskreis an, der wohl die meisten Menschen gefangen hält, die unter Minderwertigkeitsgefühlen leiden: In ihrer Unsicherheit verhalten sie sich gerade so, daß sie von anderen eher abgelehnt als ermutigt und anerkannt werden – sei es aufgrund ihrer Zaghaftigkeit oder Unbeholfenheit und der damit von vornherein heraufbeschworenen Mißerfolge oder aufgrund einer scheinbar überheblichen Art, mit der sie sich die Sympathie ihrer Mitwelt verscherzen. Zuweilen ist die Überzeugung »Ich tauge nichts!« im Unbewußten solcher Menschen derart fest verankert, daß sie jedes freundliche Lächeln als Ironie, jede gutgemeinte Ermutigung als beißende Kritik ihrer gesamten Person mißverstehen.

Läßt sich aber ein jahrelang eingeschliffenes negatives Selbstkonzept überhaupt noch verändern? Ist die vermeintliche eigene Wertlosigkeit dem Betroffenen nicht mittlerweile zur unabänderlichen zweiten Natur geworden? Keineswegs. Grundsätzlich gilt: Ein Mensch bleibt ein Leben lang lernfähig. Sicher lassen sich die gerade erst entstandenen Hemmungen eines Kindes in der Regel schneller beheben als tiefsitzende Selbstzweifel eines Erwachsenen. Doch therapeutische Erfahrungen zeigen immer wieder, daß man sein Selbstbewußtsein in *jedem* Lebensalter stärken kann – durch ermutigende Suggestionen ebenso wie durch positive Erfahrungen.
Zusammen mit Ralf entwickelten wir also ein Trainingsprogramm zur besseren Bewältigung schwieriger Situationen. Und mit Hilfe positiver Suggestionen bauten wir jenes Maß an innerer Ruhe und Gelassenheit auf, das für ihn notwendig war, um den »Gefahren des Alltags« ins Auge zu blicken. So lernte er allmählich, zweifelnde Gedanken durch Zuversicht zu ersetzen, seine Gefühle spontaner zu äußern, auf Menschen offener zuzugehen und jene Situationen aufzusuchen, die er aufgrund seiner Unsicherheit bislang meistens gemieden hatte. Nun wagte er sich vermehrt unter Menschen, ging zusammen mit seiner Frau ins Kino, ins Theater, zum Tanzen und belegte Volkshochschulkurse. Kurzum: Sein wachsendes Selbstvertrauen öffnete ihm viele Möglichkeiten, die sein Leben abwechslungsreicher und somit erfüllter machten.

Wie selbstbewußt sind Sie wirklich?

Wer weiß – vielleicht sind Sie ja im Vergleich mit anderen viel selbstsicherer, als Sie immer geglaubt haben? Möglicherweise haben Sie Ihre »Ich-Stärke« bisher unterschätzt oder einfach nur zu hohe Ansprüche an sich selbst gestellt? Der folgende Test kann Ihnen dabei helfen, Ihre persönlichen Problembereiche besser kennenzulernen und genauer einzuordnen. Nehmen Sie zu den Aussagen ganz ehrlich und möglichst spontan Stellung. Falls Sie sich aufgrund der bewußt allgemein gehaltenen Formulierungen nicht so recht entscheiden können, kreuzen Sie jene Alternative an, die *am ehesten* auf Sie zutrifft.

	Ja	Nein
1. Mir fällt es schwer, andere um etwas zu bitten	○	○
2. Irgendwie habe ich eine Abneigung gegen Autoritätspersonen	○	○
3. Ich habe im Leben mehr Pech als andere	○	○
4. Ich bemühe mich immer darum, möglichst gewissenhaft zu sein	○	○
5. Auch wegen Kleinigkeiten mache ich mir manchmal Selbstvorwürfe	○	○
6. Mir macht es Spaß, anderen Fehler nachzuweisen	○	○
7. Andere Menschen kommen mir oft überlegen vor	○	○
8. Ich bewundere gebildete Menschen	○	○
9. Große Menschenansammlungen sind mir unangenehm	○	○
10. Häufig grüble ich über mein Leben nach	○	○
11. Ich verkaufe mich oft unter Wert	○	○
12. Ich neige zu übertriebener Eifersucht	○	○
13. In der Regel bin ich auch zu unsympathischen Menschen freundlich	○	○
14. Unter Zeitdruck verschlechtert sich meine Leistungsfähigkeit deutlich	○	○
15. Ich habe oft Schwierigkeiten, mich zu entscheiden	○	○
16. Ich glaube, für meine Freunde bin ich nicht so wichtig	○	○
17. Manchmal leide ich unter Schlafstörungen	○	○
18. Eigentlich hätte ich in meinem Leben mehr erreichen müssen	○	○
19. Auf der Straße habe ich oft das Gefühl, alle starren mich an	○	○
20. Ich habe ziemlich viele schlechte Eigenschaften	○	○
21. Bei wichtigen Arbeiten mache ich zahlreiche Flüchtigkeitsfehler	○	○
22. Ich möchte gern besser aussehen	○	○
23. Ich habe oft Schwierigkeiten, mich durchzusetzen	○	○
24. Ich bin ziemlich launisch	○	○
25. Ich wäre gern intelligenter	○	○
26. Wenn ich mich blamiert habe, denke ich noch lange darüber nach	○	○
27. Oft habe ich das Gefühl, mißverstanden zu werden	○	○

28. Nicht selten bin ich morgens wie gerädert, obwohl ich lange genug geschlafen habe
29. Prüfungen waren mir schon immer ein Greuel
30. Ich bin lieber allein (oder zu zweit) als in Gesellschaft
31. Ich würde in meinem Leben gern vieles anders machen
32. Wenn mir etwas mißlingt, bin ich ziemlich deprimiert
33. Ich lasse mich von andern leicht beeinflussen
34. Ich glaube, auf andere häufig einen schlechten Eindruck zu machen
35. Es fällt mir schwer, meinen Mitmenschen in die Augen zu sehen
36. Oftmals mache ich mir übertriebene Sorgen
37. Fehler oder Mißgeschicke kann ich schlecht eingestehen
38. In manchen Situationen gerate ich ins Stottern
39. Auch sachliche Kritik geht mir meist sehr nahe
40. Zuweilen halte ich mich für einen Versager
41. Ich habe in vielen Sachgebieten nur ein geringes Wissen
42. In Gesellschaft brauche ich Alkohol, um mich unbeschwert zu fühlen
43. Andere Menschen sind meist viel tüchtiger als ich
44. Im Grunde bin ich ein mißtrauischer Mensch
45. Meine Konzentration ist mitunter sehr schwankend

Zählen Sie nun alle Aussagen zusammen, bei denen Sie ein »Ja« angekreuzt haben. Tragen Sie dieses Ergebnis, das Ihnen sagt, wie stark Ihr Selbstbewußtsein ausgeprägt ist, hier ein:

18

Ihr Punktwert kann zwischen 0 und 45 liegen. Allgemein gilt: Je *niedriger* Ihre Punktzahl, desto *stärker* ist Ihr Selbstbewußtsein.

Haben Sie *weniger als 13 Punkte* erreicht? Dann brauchen Sie weder einen Psychologen, noch irgendeine andere Hilfe zur Stärkung Ihres

Selbstbewußtseins – vorausgesetzt, Sie haben die Testfragen wirklich ehrlich beantwortet. Denn: Mindestens 75% Ihrer Mitmenschen sind unsicherer als Sie. Hätten Sie das gedacht?
Liegt Ihr Testergebnis *zwischen 14 und 30 Punkten*? Dann verfügen Sie über ein solides, durchschnittliches Selbstbewußtsein. Allerdings gibt es in ihrem Leben immer wieder Situationen, in denen Sie sich ziemlich unsicher und damit unwohl fühlen – vor allem, wenn Ihr Ergebnis im oberen Bereich dieser Auswertungsgruppe liegt. Bei regelmäßiger Anwendung Ihres Suggestionsprogramms werden Sie wahrscheinlich spüren, wie Ihr inneres Gleichgewicht zunimmt, Ihr Selbstvertrauen steigt und Ihre gesamte Lebenseinstellung gelassener wird.
Wenn Sie mehr als 30 Punkte erreicht haben, braucht Ihre Selbstsicherheit in der Tat intensivere »Entwicklungshilfe«. Doch keine Angst – Selbstbewußtsein kann man lernen! Einerseits werden Sie sich mit Hilfe von Autosuggestionen und regelmäßigen Vorstellübungen allmählich in vielen Situationen ruhiger, ausgeglichener und sicherer fühlen. Und andererseits können Sie zusätzlich mit folgender Strategie Ihre Selbstzweifel überwinden:

(1) Vermeiden Sie grundsätzlich alle negativen Gedanken! Denken Sie statt dessen nur noch positiv, indem Sie sich die positiven Leitsätze am Ende dieses Kapitels zu eigen machen.

(2) Schreiben Sie alle Situationen auf, in denen Sie sich unbehaglich oder unsicher fühlen. Bringen Sie diese Liste in eine Rangfolge, und nehmen Sie sich vor, zunächst die leichteste dieser »Prüfungen des Alltags« zu trainieren, entschlossen und konsequent. Schritt für Schritt werden Sie dann die Liste »durchtrainieren« und sich damit selbst beweisen, daß Ihre Unsicherheit in der Tat keine Charakterschwäche, sondern lediglich ein Defizit an Ermutigungen und positiven Erfahrungen darstellt.

(3) Sprechen Sie Ihre Gefühle offen aus. Und versuchen Sie, jede spontane Erregung in Worte zu kleiden, wie z. B. »Jetzt bin ich aber wirklich wütend!« Wenn Sie jemand beleidigt hat, so ziehen Sie sich nicht in Ihren Schmollwinkel zurück, sondern reden Sie mit der betreffenden Person ganz offen über Ihr Unbehagen.

(4) Widersprechen Sie, wenn Sie die Meinung anderer nicht teilen. Legen Sie Ihre eigenen Gedanken freundlich, aber entschieden

dar, anstatt zu schweigen oder gegen Ihre Überzeugung zuzustimmen.

(5) Sagen Sie nicht »man«, sondern *»Ich«!* Benutzen Sie dieses Wort ganz bewußt, indem Sie es besonders betonen. Denn: *Sie* sind ebenso wertvoll und wichtig wie Ihr Gegenüber und brauchen sich nicht hinter beschwichtigenden oder unsicheren Formulierungen zu verstecken. Benutzen Sie selbstbewußte Worte wie: »Ich werde!« anstatt »Man könnte ...«

(6) Nehmen Sie Anerkennung, Lob oder Komplimente an. Akzeptieren Sie Ihre Fähigkeiten und Leistungen, anstatt Ihre gesamte Person mit Wendungen wie: »So toll war das auch wieder nicht ...« abzuwerten.

(7) Haben Sie Mut, Fehler zu machen und Schwächen zuzugeben. Improvisieren Sie im Alltag, anstatt ängstlich-genau zu planen. Das macht Sie unbefangener, lockerer und damit auch selbstsicherer.

(8) Falls Sie Ihr negatives »Gedankenkarussell« und Ihre Selbstzweifel nicht aus eigener Kraft stoppen können, sollten Sie getrost therapeutische Hilfe in Anspruch nehmen. Das wäre kein Zeichen von Schwäche, sondern eine echte Chance – wie Sie ja bereits am Beispiel von Ralf sehen konnten. Auch Gruppensitzungen oder Kurse zur Stärkung des Durchsetzungsvermögens (die z. B. von Volkshochschulen angeboten werden) haben sich als psychologische Hilfe immer wieder bewährt. Sie können dann freilich Ihr Suggestionsprogramm zusätzlich einsetzen und damit Ihre therapeutischen Schritte erleichtern.

Unser Test auf Seite 72/73 kann Ihnen aber noch genauere Informationen darüber liefern, in welchen Bereichen Ihr Selbstbewußtsein besonderer Unterstützung bedarf. Addieren Sie zunächst die Anzahl Ihrer Ja-Antworten bei folgenden Aussagen:

Ja-Antworten

3	1	4
5	2	6
10	9	7
12	13	8
15	16	11
17	19	14
20	23	18
22	27	21
24	30	25
26	33	29
28	35	32
31	38	37
34	42	40
36	44	41
39	45	43
☐	☐	☐
A	B	C

Diese Teilergebnisse können zwischen 0 und 15 liegen. Auch hier signalisiert ein *niedriger* Punktwert ein *hohes* Selbstbewußtsein – und umgekehrt.

Die *A-Antworten* beziehen sich auf Ihr Selbstkonzept und Ihr Selbstwertgefühl, also auf den »Kern« Ihres Selbstbewußtseins. Dieses Ergebnis sagt Ihnen, wie selbstsicher es »tief in Ihrem Innern« aussieht.

Die *B-Antworten* zeigen an, in welchem Maße Sie von der Bewertung und vom Urteil Ihrer Mitmenschen abhängig sind und wie unbefangen Sie sich in Gegenwart anderer verhalten.

Die *C-Antworten* schließlich geben Ihnen Auskunft darüber, ob Sie im Leistungsbereich unter Minderwertigkeitsgefühlen leiden. Ihre Bewertung finden Sie in folgender Tabelle:

0– 4 Punkte:	Hohes Selbstbewußtsein
5–10 Punkte:	Durchschnittliches Selbstbewußtsein
11–15 Punkte:	Geringes Selbstbewußtsein

Aus dieser Aufstellung können Sie ersehen, an welchen Grundzügen Ihrer Persönlichkeit Sie gezielt arbeiten sollten. Ein Punktwert über 10 bei den *A-Antworten* bedeutet, daß Sie unbedingt lernen sollten, positiv zu denken! Denn: Ihr Selbstwert kann grundsätzlich nur so hoch sein, wie Ihre eigene Werteinschätzung.
Mehr als 10 B-Punkte machen Sie darauf aufmerksam, daß Sie – vielleicht unbewußt – vor Ihren Mitmenschen Angst haben. Nutzen Sie Ihre (durch Selbstsuggestionen verstärkte) Gelassenheit, um einen offeneren und freieren Umgang mit anderen zu trainieren.
Haben Sie *mehr als 10 C-Punkte* erreicht, dann sollten sie unbedingt Ihren Anspruch an sich selbst überprüfen. Aufgrund Ihrer hohen Anforderungen an die eigene Leistungsfähigkeit unterschätzen Sie nämlich häufig Ihr Können. Zwangsläufige Folgen sind Verkrampfung, Lampenfieber, Konzentrationsschwankungen. So schneiden Sie vor allem bei wichtigen Aufgaben schlechter ab, als es Ihre Fähigkeiten erwarten ließen. Doch ganz gleich, welche entwicklungsgeschichtlichen Umstände Ihres Lebens dazu geführt haben, daß Ihr Selbstvertrauen noch nicht gefestigt ist, und ganz gleich, ob Sie einen geringeren oder größeren Nachholbedarf haben – positive Suggestionen können Ihnen *in jedem Fall* dabei helfen, Ihre alten negativen »Programme« zu löschen und durch Zuversicht, Optimismus und Vertrauen in Ihre eigenen Möglichkeiten zu ersetzen. Mehr Selbstbewußtsein – dieser persönliche Gewinn wird gleichzeitig Ihre Zufriedenheit und Lebensfreude und damit Ihren gesamten Lebenserfolg steigern und sichern.

Wirksame Worte für ein stärkeres Selbstbewußtsein

Ihre Vorstellungsbilder zum Thema »Selbstbewußtsein« sollten Sie nur zu Beginn Ihrer Suggestionsübung vor Ihrem inneren Auge erscheinen lassen. Verwenden Sie für dieses mentale Training ausschließlich die »Prüfungen des Alltags«, die Sie in Ihrer Liste zusammengestellt haben. Üben Sie jede einzelne Situation an mehreren Tagen so lange, bis Sie ihr – zumindest in Gedanken – unbefangen begegnen können. Nehmen Sie sich dafür aber mehr Zeit als für die Imaginationsübungen in den Kapiteln 2 und 3, und zwar etwa 6–8 Minuten – so daß in diesem Fall die positiven Leitsätze zur Steigerung Ihres Selbstbewußtseins eher eine begleitende und keine zentrale Funktion haben.

Jeder Mensch kann sein Selbstvertrauen festigen und sein Selbstbewußtsein stärken.

Meine innere Stärke und mein Durchsetzungsvermögen können immer stärker werden.

Es fällt mir immer leichter, meine Gefühle offen auszusprechen.

Ich kann meinen Mitmenschen locker und unbefangen begegnen.

Ich bin von meinen Fähigkeiten und vom Wert meiner Person überzeugt.

Ich kann meine Selbstsicherheit durch konsequentes Training immer mehr stärken.

Es gibt viele Wege, wie ich meine Gelassenheit fördern und mein Selbstbewußtsein stärken kann.

Ich kann mein Selbstbewußtsein steigern, indem ich mich jeder Situation stelle, der ich bislang ausgewichen bin.

Ich kann meine innere Stärke, mein Selbstvertrauen und mein Selbstbewußtsein mehr und mehr entwickeln.

Selbstbewußter werden heißt: mich weiterentwickeln, meine Möglichkeiten und Fähigkeiten entfalten.

Ich kann meine Wünsche offen aussprechen und durchsetzen: gelassen, aber konsequent, freundlich, aber entschieden.

Wenn ich meinen unbewußten Kräften vertraue, kann ich mich gelöst und frei, unbeschwert und selbstsicher fühlen.

Ich kann lernen, meinen Mitmenschen offen, gelassen und selbstbewußt zu begegnen.

Ich vertraue meinen unbewußten Kräften – und werde Tag für Tag weitere Fortschritte machen.

Gleichmut und Gelassenheit können früher oder später meine gesamte Persönlichkeit erfüllen.

Meine heitere Unbeschwertheit und Gelassenheit übertragen sich auf meine Mitmenschen.

Ich bin frei, mutig und entschlossen, neue Lebensbereiche zu entdecken.

Es wird mir immer klarer, daß allein in meinen positiven Gedanken der Schlüssel zu meinem Selbstbewußtsein liegt.

Je besser ich lerne, an meine inneren Kräfte zu glauben, desto stärker wird mein Selbstvertrauen sein.

Meine Mitmenschen wundern sich über meine Gelassenheit und mein Selbstbewußtsein.

Ich bin frei zu lernen, mich in allen Bereichen meines Lebens gelassen und selbstbewußt zu fühlen.

Es gibt viele Möglichkeiten, wie ich meine Gelassenheit und mein Selbstbewußtsein stärken kann.

Erstaunlich, wie meine innere Sicherheit wächst, wenn ich meine inneren Kräfte und mein Durchsetzungsvermögen konsequent trainiere.

Ich bin entschlossen, mein Selbstvertrauen und meine Selbstsicherheit zu festigen, meine Unbefangenheit und mein Durchsetzungsvermögen zu stärken.

5 Ängste überwinden

Das Rätsel »Angst«

Ein geselliger Abend bei guten Freunden. Gleich ein Uhr – Zeit zum Aufbruch. »Sollen wir dir ein Taxi rufen?« »Nein, vielen Dank! Ich gehe zu Fuß. Ich brauche noch etwas frische Luft...« Kurzer Abschied. Morgen wird man miteinander telefonieren.
Der Weg ist nicht weit, kaum mehr als einen Kilometer. Sie schlendern gemächlich die Straßen entlang, atmen die frische Luft in tiefen Zügen. Keine Menschenseele unterwegs. Himmlische Ruhe. Bis auf den rhythmischen Gleichklang Ihrer Schritte. An der Kreuzung müssen Sie rechts ab – eine ruhige, unbebaute Seitenstraße hinunter, am Stadtpark vorbei. Sie lassen den Lichtvorhang der letzten Bogenlampe hinter sich. Jetzt erzeugt der Vollmond ein fahles Zwielicht. Das Buschwerk der Grünanlagen zeichnet bizarre Schatten, die ständig ihre Form verändern. Eine leichte Brise läßt Sie frösteln. Scheint kühler zu sein, als Sie dachten. Das auf- und abschwellende Zischeln der Blätter mischt sich in den Taktschlag Ihrer Schritte. Fast unmerklich erhöht sich das Tempo. Sicher, es wird kühler. Noch ein paar hundert Meter bis nach Hause. Die frische Luft tut wirklich gut. Während Sie tief ausatmen, formen Ihre Lippen aus dem Luftstrom eine beschwingte Melodie. Dieser Ohrwurm geht Ihnen nicht aus dem Kopf. Da: Ein scharfes Rascheln zerreißt jäh die nächtliche Stille. Sie fahren zusammen – und verstummen. Aus dem Unterholz löst sich ein hastiger Schatten, der quer über die Straße jagt und drüben im Grasland verschwindet. Ein Kaninchen, auf der Flucht vor seinem Feind, dem Menschen. Ihre Schritte werden noch etwas schneller. Wirklich kühl, heute nacht. Na ja, bald sind Sie ja zu Hause. Der Wind hält den Atem an. Merkwürdig. Dennoch geht ein leichtes Rauschen durchs Gebüsch. Schräg hinter Ihnen. Jetzt ein Knacken. Es knackt noch einmal. Und schon wieder. Fast regelmäßig. Der Mond verschwindet hinter einem Wolkenberg. Es wird dunkler. Sie frösteln. Der Klang Ihrer zügigen Schritte scheint von der schwarzen Silhouette des Buschwerks widerzu-

hallen. Ein Echo? Moment! Sind da nicht andere Schritte? Sie drehen den Kopf etwas zur Seite und schauen ganz unauffällig zurück. Unsinn. Wer sollte denn um diese Zeit . . .? Doch – da ist ein Schatten, sieht aus wie eine vermummte Gestalt. Lächerlich – bestimmt eine Täuschung. Schön ruhig bleiben, das läßt sich feststellen. Abrupt bleiben Sie stehen. Der letzte Schlag Ihres Absatzes verhallt im Nichts. Stille. Ein leises Raunen geht durch die Äste des angrenzenden Wäldchens. Na bitte: So kann man sich irren.

Eilig setzen Sie Ihren Weg fort. Nur noch an dem Wäldchen vorbei, dann . . . Seltsam. Da sind die Schritte wieder. Ein Stück weiter hinter Ihnen. Genau in Ihrem Rhythmus, aber etwas zeitversetzt. Kein Irrtum – da ist tatsächlich jemand. Bestimmt ein harmloser Spaziergänger. Sie gehen noch etwas schneller. Der andere paßt sich an. Das ist kein Zufall mehr – Sie werden verfolgt! Das weiß leuchtende Rund des Mondes kommt wieder hinter der Wolke hervor, hängt vor Ihnen am Nachthimmel wie ein großer Lampion. »Schneller!« hören Sie Ihre innere Stimme rufen. Und Sie erinnern sich: Da stand doch kürzlich etwas in der Zeitung von mehreren Einbrüchen in die abgelegenen Villen. Gar nicht weit von hier. In den Augenwinkeln sehen Sie den schwarzen Schatten hinter sich. Sie gehorchen Ihrem inneren Befehl – und rennen. Schneller und schneller.

Ihr Verfolger bleibt Ihnen dicht auf den Fersen. Das hämmernde Stakkato der Laufschritte zerhackt den nächtlichen Frieden. Ein Mensch auf der Flucht vor seinem Feind, dem Menschen. Sie verspüren einen Stich in der Seite. Ihr Atem geht immer schwerer, jetzt schon keuchend. Die Schmerzen werden stärker. Gott sei Dank – die Umrisse der ersten Häuser. Das vierte rechts: Ihre Haustür. Viel zu weit. Sie spüren den heißen Atem Ihres Verfolgers im Nacken. Ihre Beine beginnen sich zu verkrampfen. Um Hilfe rufen? Hört niemand. Der Schlüssel! Sie ertasten das Schlüsseletui in der Manteltasche. Der Reißverschluß! Er klemmt. Noch zwanzig Meter. Jetzt läßt er sich öffnen. Sie fühlen das kühle Metall des Haustürschlüssels, halten ihn in der rechten Hand – nach vorn ausgestreckt. Noch ein Blick zurück. Er hält ein Messer in der Hand! Die Haustür – das Türschloß. Der Schlüssel verfehlt sein Ziel. Schnell, schnell! Das Aufschnappen des Türschlosses. Ein unendlich tiefer Seufzer der Erleichterung. Gerettet . . .

. . . und vielleicht fühlen auch Sie sich jetzt erleichtert? Das hängt natürlich davon ab, ob Sie den Text mit sachlich-kühler Distanz gelesen oder den nächtlichen Heimweg in plastischen Bildern vor sich gesehen, geradezu »am eigenen Leibe« miterlebt haben. Falls Sie in den Text »eingestiegen« sind, werden Sie wohl von zunehmender Spannung, vielleicht auch von steigender Unruhe erfaßt worden sein. Und Ihr Lesetempo mag sich – im Gleichklang mit den Geschehnissen – gegen Ende der Schilderung immer mehr gesteigert haben. Obwohl Sie sich doch völlig gefahrlos und geborgen in der »Schutzhülle« Ihrer vier Wände befinden.

Und nun stellen Sie sich vor, Sie hätten diese Situation *wirklich* erlebt. Wie wäre Ihnen dabei zumute gewesen? Möglicherweise gehören Sie ja zu jenen unerschrockenen Zeitgenossen, die jeder Gefahr kaltlächelnd ins Auge blicken. Dann hätten Sie sich vermutlich gar nicht erst vom Rascheln und Knacken des Gebüsches ins Bockshorn jagen lassen. Einem wirklichen Verfolger aber wären Sie beherzt entgegengetreten, um ihn zur Rede zu stellen. Doch es ist wahrscheinlicher, daß Sie in der Rolle des tatsächlich oder vermeintlich Verfolgten einen recht unangenehmen, beklemmenden inneren Spannungszustand erlebt hätten. Und dieses Gefühl, das sich als ständige »Begleitmusik« Ihres nächtlichen Abenteuers vom vagen Unbehagen bis hin zum panischen Entsetzen steigerte, sollten wir nunmehr beim Namen nennen: ANGST!

So unangenehm dieses Gefühl auch sein mag – Angst ist kein rätselhaftes Ungeheuer, das uns heimtückisch überfällt, sondern – ganz im Gegenteil – eine natürliche Schutzeinrichtung, eine innere »Alarmanlage«, die uns davor bewahren soll, geradewegs ins Verderben zu rennen. Jede ängstliche Regung hat also einen ursprünglich vernünftigen, lebenserhaltenden Sinn. Nur: Leider meldet sich dieses empfindliche Warnsystem häufig auch ohne gefährlichen Anlaß, manchmal gar wie aus heiterem Himmel. Völlig harmlose Begebenheiten können unter bestimmten Umständen so bedrohlich erscheinen, daß sie regelrechte Panikanfälle auslösen. Die Betroffenen sind dann meist ratlos und tappen bei der Suche nach den Zusammenhängen ihrer scheinbar grundlosen Befürchtungen im Dunkeln. Deshalb sollten wir uns das Typische der Angst genauer vor Augen führen. Denn je besser wir ihre psychologische Bedeutung verstehen, desto einfacher wird es sein, gezielte Gegenmaßnahmen zu ergreifen, und desto intensiver und nachhaltiger werden Ihre positiven Suggestionen eine angstlösende Wirkung entfalten können.

Körper und Seele im Alarmzustand

Untersuchungen an Neugeborenen und Säuglingen haben gezeigt, daß unsere innere »Alarmanlage« durch bestimmte Umweltreize ohne jede Vorerfahrung ausgelöst werden kann. Unerwartete oder laute Geräusche wirken ebenso beängstigend wie das Aufblitzen einer Lampe oder rasche Bewegungen. Kurz: Alles Plötzliche und Fremdartige wird zunächst einmal als bedrohlich wahrgenommen. Auch die Angst vor Dunkelheit fassen manche Forscher als angeborene Reaktion auf, als spontane Empfindung der Schutzlosigkeit und mangelnder Geborgenheit. Gerade in dem Gefühl, verlassen zu sein, steckt sozusagen der Kern aller menschlichen Ängste: die Urangst vor dem Tod. Das fundamentale Bedürfnis nach Sicherheit und Geborgenheit können wir demnach als wesentliche Komponente des Selbsterhaltungstriebes auffassen. Nur so läßt sich erklären, warum die Angst vor Zurückweisung, Ablehnung oder Trennung auch beim Erwachsenen manchmal panische Ausmaße annehmen kann – eben weil sich dahinter eine verdrängte kindliche Verlassenheitsangst verbirgt, die vom Unbewußten des Betroffenen als gegenwärtige, akute Existenzbedrohung fehlgedeutet wird.
Wie stark ein Auslöser sein muß, um tatsächlich Angst zu erzeugen, und wie heftig und dauerhaft die Angstreaktionen ausfallen – das ist individuell sehr unterschiedlich. Jene Menschen, die schnell und heftig auf relativ harmlose Auslöser reagieren, bezeichnet man allgemein als »ängstlich«. Diese Eigenschaft scheint – zumindest teilweise – mit bestimmten Erbanlagen zusammenzuhängen. Wenn man nämlich Neugeborene beobachtet, entdeckt man große Unterschiede in ihrer Erregbarkeit, Irritierbarkeit und in ihrer Bereitschaft, Angst zu entwickeln. Das vegetative Nervensystem und die körpereigene Produktion von Hormonen haben offenbar einen erheblichen Einfluß auf die Ängstlichkeit eines Menschen. Allerdings: »Angeboren« ist nicht gleichzusetzen mit »vererbt«. Vergessen wir nicht, daß der Mensch schon *vor* seiner Geburt neun Monate lang in dieser Welt ist – eine Zeit, in der seine

gesamte Existenz aufs engste mit seiner Mutter verbunden ist. Verständlich, daß auch die Persönlichkeit der werdenden Mutter eine wichtige Rolle für die spätere Ängstlichkeit ihres Kindes spielt: Eine amerikanische Studie hat nachgewiesen, daß Mütter, die während der Schwangerschaft nervös und hektisch waren, Kinder zur Welt brachten, die schon bei der Geburt deutlich stärkere Angstreaktionen an den Tag legten als Kinder von ausgeglichenen Müttern. Zahlreiche Untersuchungen und Erfahrungen belegen aber auch: Für die Entwicklung und Ausformung der Ängstlichkeit eines Menschen sind spätere Erziehungseinflüsse von ganz entscheidender Bedeutung. So kann sich ein geborener »Hasenfuß« durch günstige Erziehungseinflüsse alsbald zu einer stabilen, gelassenen Persönlichkeit entwickeln. Umgekehrt ist es aber auch möglich, daß ein robuster, wenig angstanfälliger Säugling schon nach kurzer Zeit zu einem »Angsthasen« wird, sofern er eine angstfördernde Erziehung erleiden muß.
Das Gefühl der Angst beschränkt sich aber nicht nur auf seelische Vorgänge, sondern es wird auch von meßbaren körperlichen Veränderungen begleitet: Der Pulsschlag beschleunigt seinen Rhythmus, der Blutdruck steigt, die Atmung geht schneller. Das bedeutet für den Organismus eine erhöhte Sauerstoffzufuhr, die durch eine sinnvolle Verteilung besonders dem Bewegungsapparat zugute kommt. Nur zu Recht! Denn wie sollte sich das bedrohte Lebewesen erfolgreich zur Wehr setzen oder – was nicht selten empfehlenswerter ist – im Höchsttempo die Flucht ergreifen können, wenn seine Kraftreserven nicht möglichst rasch aktiviert würden? An dieser Mobilmachung sind nicht nur Kreislauf und Atmung beteiligt, sondern alle Körperfunktionen, die für eine erfolgreiche Rettungsaktion unerläßlich sind. Beispielsweise sorgt ein steigender Blutzuckerspiegel für Energienachschub und eine sinnreiche Kühleinrichtung mit Tausenden von Schweißperlen für eine Temperaturregulation des erhitzten Organismus. Für den Notfall verbessert sich sogar die Gerinnungsfähigkeit des Blutes. In der Tat ein faszinierendes Zusammenspiel! Die Regie in diesem Lehrstück über perfekte Organisation führt das zentrale Nervensystem, also vornehmlich das Gehirn des Menschen. Alle Steuerbefehle werden in Bruchteilen von Sekunden über Nervenstränge an die entsprechenden Organe weitergeleitet, kräftig unterstützt von Hormonen, die über die Blutbahnen für eine Verstärkung der allgemeinen Aktivierung sorgen. Beson-

ders wirksam dabei ist das Nebennieren-Hormon »Adrenalin«, welches untrennbar mit der ängstlichen Erregung des Körpers verknüpft ist. Jedoch: So sinnvoll die Mobilisierung des Lebewesens zur Verteidigung oder zur Flucht einstmals auch gewesen sein mag – der zivilisierte Mensch hat den größten Teil seiner *natürlichen* Feinde verloren. Man erlebt immer seltener Situationen, in denen eine Flucht- oder Kampfbereitschaft angemessen oder nützlich wäre. Seine jahrmillionenalte »Alarmanlage« aber hat mit dem rapide fortschreitenden Zivilisationsprozeß nicht Schritt halten können. So muß der Mensch allzuoft in Situationen, die eher einen kühlen Kopf als einen aufgeheizten Organismus erfordern oder völlig harmlos sind, eine innere Erregung ertragen, deren sinnlose Wirkung nur noch darin besteht, daß sie ihm Unbehagen oder gar Seelenqualen bereitet.

Programmierung der Angst

Haben Sie Angst, mit dem Aufzug zu fahren oder auf einen Turm zu steigen? Machen Sie einen großen Bogen um jeden Hund, oder werden Sie von einer Maus oder einer Spinne in die Flucht geschlagen? Gehen Sie nur ungern auf die Straße? Sind Ihnen vielleicht größere Menschenansammlungen ein Greuel? Dann haben Sie offenbar Angst vor etwas Bestimmtem, die zuweilen anders genannt wird: *Furcht*. Doch abgesehen davon, daß dieses Wort in der Umgangssprache selten benutzt wird und obendrein etwas antiquiert klingt, würde uns eine Unterscheidung zwischen Angst und Furcht nur verwirren. Falls man nämlich keinen konkreten Anlaß für sein Angstgefühl benennen kann, heißt das ja noch lange nicht, daß man unter einer grundlosen Angst leidet. Es ist nämlich durchaus möglich, daß man die Ursache seiner Angst nicht bemerkt oder nicht wahrnehmen möchte. Ein solcher Selbstbetrug bleibt aber meist nicht ohne Folgen. Irgendwo machen sich schließlich Gefühle der Unruhe, der Spannung oder auch des *körperlichen* Unwohlseins bemerkbar – was dann gern mit der beliebten medizinischen Formel »vegetative Störung« oder der psychologischen Verlegenheitsdiagnose »Lebensangst« oder »Existenzangst« umschrieben wird, obwohl eigentlich ganz konkrete Anlässe vorhanden sind. Die unergründlichen Tiefen des Unbewußten sowie die Phantasie und Vorstellungskraft des

Menschen machen es aber oft schwierig oder gar unmöglich, den *wirklichen* Auslöser eines Angstgefühls eindeutig dingfest zu machen. Sprechen wir also auch weiterhin von »Angst« und nicht von »Furcht«, unabhängig davon, ob wir ihre Ursachen nun kennen oder nicht, ob ihr Objekt tatsächlich vorhanden oder nur eingebildet ist.
Doch woher kommt sie, die Angst vor ganz bestimmten Dingen oder Situationen? Als Paradebeispiel für »programmierte« Angst wird in der psychologischen Literatur immer wieder ein elfmonatiges Heimkind namens Albert erwähnt. Mit ihm führte der amerikanische Verhaltenspsychologe *J. Watson* in den zwanziger Jahren sein »klassisches« (aber äußerst fragwürdiges) Experiment durch: Das Kind hatte sich mit einigen Tieren angefreundet, die vom Forscher ins Heim gebracht worden waren. Ratte und Kaninchen wurden von Albert mit zunehmender Freude gestreichelt. Von Angst keine Spur – bis ein Hammerschlag dieses friedliche Spiel jäh zerstörte. Als Albert gerade wieder mit Hingabe »seine« weiße Ratte liebkoste, schlich sich Herr *Watson* von hinten an ihn heran und schlug unmittelbar hinter dem Kopf des Jungen mit einem Hammer gegen eine Eisenstange. Wenn man weiß, wie empfindlich kleine Kinder gegen jeden Lärm sind, wie sehr sie auf jedes laute Wort, jedes plötzliche Geräusch reagieren, dann kann man sich vorstellen, was mit Albert geschah. Nach dem ersten Schock weinte er ganz jämmerlich. Doch nicht genug des unverantwortlichen Handelns! Nachdem sich der Junge wieder halbwegs erholt hatte und das Tier erneut streichelte, wurde die Prozedur der »Furchtinduktion« (so der Fachausdruck) wiederholt – mit dem gleichen Erfolg. Oder besser: mit durchschlagendem Erfolg. Von nun an genügte es nämlich schon, Albert seinen ehemaligen »Spielgefährten« nur zu zeigen, um die gleichen Angstreaktionen auszulösen wie zuvor der Hammerschlag. Ein ursprüngliches Angstgefühl (hier: Reaktion auf ein plötzliches, lautes Geräusch) wurde durch sogenanntes *Konditionieren* ganz willkürlich auf ein harmloses Pelztier übertragen. Ebensogut hätte man die Angst auf eine Puppe, ein Spielauto, einen Luftballon oder auch auf einen weißen Kittel »programmieren« können. Gerade was den weißen Kittel betrifft, brauchen wir lediglich das Stichwort »Zahnarzt« kurz auf uns wirken zu lassen, um – eventuell – das Ergebnis einer solchen Konditionierung am eigenen Leibe zu erfahren.
Unangenehme Erfahrungen sind es also, die sich wie ein Etikett auf

Personen, Tiere, Gegenstände und Situationen heften, mit ihnen eine Einheit bilden und somit für eine beliebige Programmierung der Angst sorgen. Dabei ist es gleichgültig, ob eine solche Kopplung zufällig erfolgt, ein notwendiges Übel darstellt (wie bei einer ärztlichen Behandlung) oder eine Folge eigenen Handelns ist. Gebranntes Kind scheut das Feuer – so faßt der Volksmund diese Erkenntnis der Angstforschung in einer ebenso schlichten wie treffenden Formel zusammen.

In diesem Sprichwort steckt aber noch eine weitere ganz typische Reaktion: Das »Scheuen«, das Meiden der Gefahr, weil man die (mögliche) Angst oder Panik von vornherein verhindern will. So versuchen wir tagtäglich, möglichst allem aus dem Wege zu gehen, was uns ängstliches Unbehagen bereiten könnte. Dabei muß man allerdings einen feinen Unterschied machen. Das Meiden einer *tatsächlichen* Gefahr – beispielsweise das Balancieren auf einem Dachfirst, das Überqueren einer Straße bei Rotlicht oder das Betreten eines Raubtierkäfigs bei Anwesenheit des »Hausherrn« – ist durchaus sinnvoll. Wer riskante Manöver unterläßt, wird nicht »ängstlich«, sondern »vorsichtig« oder »vernünftig« genannt. Wer aber Lebensbereiche meidet, die – objektiv gesehen – kaum gefährlich sind (wie z. B. ein Theaterbesuch oder ein Einkaufsbummel), engt sich immer mehr ein und schafft erst damit die Voraussetzung für jene Ängste, die oft jahrelang mit rätselhafter Hartnäckigkeit bestehen bleiben – eben weil durch meidendes Verhalten die Bewältigung der angstauslösenden Situation verhindert wird.

Verborgene Spielarten der Angst

Es ist nicht immer leicht, seine eigenen Ängste wahrzunehmen. Denn häufig werden sie verdrängt, manchmal hinter einer besonders »harten Schale« oder auffälliger Aggressivität verborgen, vielleicht auch durch übertriebene Zwanghaftigkeit mehr oder weniger erfolgreich »gezähmt«. Doch um mehr innere Ruhe und Gelassenheit zu finden, kann es sehr hilfreich sein, die verborgenen Spielarten seiner Ängste aufzuspüren, um sich dann gezielt mit ihnen auseinanderzusetzen. Wer weiß – möglicherweise entdecken Sie im folgenden den einen oder anderen typischen Zug Ihrer Persönlichkeit, den Sie bislang aber noch nie als Angst identifiziert haben.

»Ich kann so schlecht ›nein‹ sagen!«

Natürlich ist es eine löbliche Eigenschaft, anderen Menschen in Notsituationen zur Seite zu stehen, über Schwierigkeiten hinwegzuhelfen oder auch nur einen Gefallen zu tun. Allerdings sind viele Menschen derart entgegenkommend, daß sie ihre eigenen Wünsche ganz aus den Augen verlieren. Sie wollen es jedem recht machen und können schlecht »nein« sagen. Diese bequemen und angenehmen Zeitgenossen bezeichnet man gern als »gutmütig« oder »umgänglich«. Doch hinter ihrer übertriebenen Nachgiebigkeit steckt auch noch etwas anderes, nämlich das besonders starke Bedürfnis, von ihren Mitmenschen akzeptiert zu werden. Und darin schwingt auch die Befürchtung mit, eventuell abgelehnt zu werden. Angst vor Mißbilligung und Zurückweisung – das ist die eigentliche Triebfeder aller »Ja-Sager«.
Falls Sie schlecht »nein« sagen können, sollten Sie Ihr Durchsetzungsvermögen trainieren. Notieren Sie sich, in welchen Situationen Sie zu nachgiebig sind. Und wagen Sie es einfach, sich zu behaupten (vgl. Kapitel 4) – nicht kratzbürstig, nicht abweisend, sondern freundlich und entschieden. Sie werden feststellen, daß man sich mit einer solchen Konsequenz keinesfalls unbeliebt macht, sondern viel mehr Respekt gewinnt als mit einem halbherzigen »Ja«.

»Das weiß ich aber besser!«

Ob Kochkunst oder Handarbeit, Musik oder Literatur, Sport oder Politik – wohl jeder von uns fühlt sich auf einem bestimmten Gebiet zuweilen als Experte. Es ist ja auch durchaus erstrebenswert, in einer Diskussion seinen Standpunkt zu vertreten und sich in seiner Meinung nicht sogleich beirren zu lassen. Indes gibt es auch »Experten«, die immer und überall Bescheid wissen und grundsätzlich recht haben wollen. Jeder Andersdenkende wird von diesen Besserwissern wort- und gestenreich an die Wand gespielt. Hier handelt es sich um starke

Persönlichkeiten, sollte man meinen. Doch das Gegenteil ist oft der Fall. Wer keine andere Meinung gelten lassen kann, aus Prinzip widerspricht und meist das letzte Wort behalten will, hat eigentlich Angst – vor der Überlegenheit seiner Mitmenschen. Jedes Nachgeben wird als Schwäche empfunden und wirft Gedanken auf wie z. B.: »Ich bin weniger wert als der andere.«

Weit verbreitet ist eine geschickt getarnte Spielart der Rechthaberei: »Nicht unbedingt« oder: »Ja, aber...!« Durch solche grundsätzlich gültigen Redensarten wird die Meinung des anderen zunächst scheinbar akzeptiert, aber sogleich wieder entwertet. Beobachten Sie doch einmal, wie oft Ihre Gesprächspartner oder Sie selbst diese Redewendungen benutzen. So können Sie herausfinden, ob in Ihrem Gespräch von der einen oder anderen Seite aus unterschwellige Ängste vor dem Gegenüber mitschwingen.

»Ich hab' keine Lust auszugehen!«

Lesen oder Schreiben, Basteln oder Stricken, Musik hören oder Fernsehen – das gehört zum gemütlichen Feierabend, gewiß. Für manche sind diese Tätigkeiten aber Inbegriff der Freizeit schlechthin.

»Ausgehen macht mir keinen Spaß«, sagen sie und stellen sich damit als ruhige, beschauliche oder wie man auch sagt introvertierte Zeitgenossen dar. Doch häufig verbirgt sich hinter einem zurückgezogenen Naturell eine »ängstliche Seele«, die Angst vor Menschen oder vor neuen, ungewohnten Situationen. Bis zu einem gewissen Grad ist diese Schwellenangst völlig normal. Der Weg zur Behörde oder zum Arzt, in ein Restaurant oder in einen Ballsaal bedeutet für viele, eine unsichtbare Hürde zu überwinden. Oftmals aber nimmt diese Angst überhand, so daß der Betroffene sich immer mehr in sein Schneckenhaus zurückzieht. In extremen Fällen kommt es sogar vor, daß ein Mensch nicht mehr in der Lage ist, den Fuß vor die Tür zu setzen, ohne von heftigen Ängsten überfallen zu werden[9].

Jeder Rückzug in die sicheren vier Wände verstärkt jedoch die Schwellenangst. Also muß man versuchen, seine inneren Barrieren konsequent zu überwinden und die angstauslösenden Situationen Schritt für Schritt aufzusuchen. Erst durch systematisches Training (häufig auch nur durch das Aufdecken unbewußter Konflikte) kann man zu der Überzeugung gelangen, daß diese Ängste wirklich völlig unbegründet sind.

»Ich kann ohne dich nicht leben!«

Eine Variante der Verlassenheitsangst ist die Trennungsangst. Fast jede Partnerschaft wird mehr oder weniger stark von ihr beeinflußt. Ein zuverlässiger Maßstab dieser Angst ist die Eifersucht. In geringer Dosis als Zeichen echter Zuneigung belebend, kann sie aber auch zur Qual werden, falls sie überhand nimmt. Im Zusammenhang mit Eifersucht spricht man gern von »gekränktem Stolz«, »verletzter Eitelkeit« oder »Rivalität«. Man gesteht sich aber nur ungern ein, unter einer tiefsitzenden kindlichen Trennungsangst zu leiden. In der Tat löst bereits der Gedanke an den Verlust des Partners bei vielen Menschen jene hilflosen Reaktionen aus, die man eigentlich nur von kleinen Kindern kennt. Der dramatische Appell: »Ich kann ohne dich nicht leben!«, den man häufig aus dem Munde eigentlich vernünftiger Erwachsener hört, erscheint somit in einem ganz anderen Licht. Diese »unsterbliche« Liebe, die gern als höchstes Ideal verehrt wird, gerät in einen schlimmen Verdacht. Man entdeckt in ihr plötzlich keine selbstlose Zuneigung mehr, nicht einmal vertraute Anhänglichkeit, sondern vielmehr eine scheinbar lebensnotwendige Abhängigkeit. Und das heißt, eine unverarbeitete kindliche Verlassenheits- und Trennungsangst.

Angst kann man »löschen«

So lästig oder quälend sie auch sind – Ängste, die in der Kindheit entstanden sind, können bis ins hohe Alter wirksam bleiben. Gewiß »pflegt« jeder von uns eine Reihe kleinerer oder größerer Ängste, die seit Jahren oder Jahrzehnten bestehen, ohne daß wir ihnen bislang beigekommen wären. Sind einmal erworbene Ängste also unauslöschliche »Markenzeichen« der Persönlichkeit? Natürlich nicht! Normalerweise gelingt es immer wieder, die eine oder andere Unsicherheit in den

Griff zu bekommen. Und zuweilen verschwindet eine bestimmte Angst wie von selbst, ohne daß wir für diese erfreuliche Entwicklung einen Grund angeben können. Doch auch beim Abbau unserer Ängste sind bestimmte psychologische Gesetzmäßigkeiten im Spiel. Und das heißt: Jede Programmierung der Angst kann wieder rückgängig gemacht werden. *»Löschen«* heißt der Fachausdruck, der nichts anderes beschreibt als die wiederholte beruhigende Erfahrung, daß eine bestimmte Angstreaktion unbegründet oder übertrieben ist.

Um diese innere Sicherheit zu gewinnen, muß man sich allerdings mit einer »kritischen« Situation mehrmals aktiv auseinandersetzen – sei es gezielt oder zufällig, sei es »vor Ort« oder nur in Gedanken. Hierbei spielen vier typische Merkmale der Angst eine ganz wichtige Rolle:

(1) Angst ist *grundsätzlich* mit *körperlich-seelischer Spannung* verbunden.

(2) Negative *Selbstsuggestionen,* d. h. gesprochene oder auch nur gedachte Befürchtungen (wie z. B.: »Das geht bestimmt schief!«), verstärken ein Angstgefühl erheblich.

(3) Die meisten alltäglichen Ängste bestehen in einer *gedanklichen Vorwegnahme* unangenehmer Situationen. Der häufigste »Schauplatz« unserer Angsterlebnisse ist demnach unsere Phantasie.

(4) Das *Meiden* einer *scheinbar bedrohlichen* Situation verhindert ein Löschen der zugrunde liegenden Angst.

Zur Angstüberwindung ergeben sich daher zwangsläufig vier entscheidende Grundregeln:

(1) *Körperlich-seelische Entspannung* ist mit Angst unvereinbar.

(2) *Positive Suggestionen* (wie z. B.: »Ich weiß, daß ich es schaffen werde!«) wirken der Angst entgegen.

(3) Die *konkrete Vorstellung* einer angstauslösenden Situation im entspannten Zustand ist bereits ein wichtiger Schritt zur Angstüberwindung.

(4) Durch *allmähliches, schrittweises Aufsuchen* einer scheinbar bedrohlichen Situation wird die zugrunde liegende Angst früher oder später endgültig gelöscht.

Gezielte Selbstsuggestionen sowie ein mentales Angsttraining können Ihnen beim Umsetzen dieser Grundregeln, also beim Löschen Ihrer Ängste, wertvolle Hilfe leisten.

Ihre Aufgabe besteht darin, daß Sie sich vor Ihrer Suggestionsübung angstauslösende Lebenssituationen plastisch und lebendig vor Augen führen – und sie auf diese Weise (zunächst) in Ihrer Vorstellung entspannt (und deshalb völlig angstfrei) bewältigen.

Diesen Schritt sollten Sie allerdings vor Beginn dieses mentalen Trainings möglichst systematisch vorbereiten:

(1) Schreiben Sie alle Situationen auf, die Ihnen Unbehagen bereiten oder Angst machen.

(2) Bewerten Sie die Intensität jedes einzelnen Angsterlebnisses mit Punkten: 1 bis 3 = geringe Angst, 4 bis 7 = mittlere bis erhebliche Angst, 8 bis 10 = starke bis panische Angst.

(3) Notieren Sie nun zu jedem Angsterlebnis *ähnliche* Situationen und ordnen Sie diese Angstauslöser in einer ansteigenden Hierarchie. Wenn Sie z. B. übertriebene Angst vor Hunden haben, variieren Sie in mehreren Schritten die Größe, Gefährlichkeit und Nähe der Tiere. Falls Sie sich davor fürchten, einen Vortrag zu halten, vergrößern Sie in Ihrer Aufstellung allmählich die Gruppe der Zuhörer: Zwei bis drei Gesprächspartner werden dann vermutlich eine geringe Angst (1 bis 3 Punkte) auslösen, eine Zuhörerschaft bis zehn Menschen könnte Sie bereits erheblich ängstigen (4 bis 7 Punkte), während ein größeres Publikum in Ihnen wahrscheinlich starke bis panische Angst auslösen würde (8 bis 10 Punkte).

(4) Schreiben Sie unter jede dieser Situationsgruppen das Schlimmste, was Ihnen in diesem Lebensbereich passieren könnte – beispielsweise von einem großen Hund gebissen zu werden. Oder: bei einem wichtigen Vortrag vor einer großen Zuhörerschaft vor Angst in Ohnmacht zu fallen. Auch mit diesen (in der Realität nur ganz selten eintretenden) Befürchtungen sollten Sie sich später gedanklich auseinandersetzen.

(5) Konzentrieren Sie sich nun bei jeder Imaginationsübung nur auf *eine einzige* Situation Ihrer Angstliste. Beginnen Sie *auf jeden Fall* mit der harmlosesten Variante der jeweiligen Angst. Nehmen Sie sich erst dann den nächstschwierigen Punkt vor, wenn Sie die »bearbeitete« Aufgabe in Ihrer Vorstellung völlig entspannt, also wirklich angstfrei gemeistert haben.

(6) Die letzte und entscheidende Hürde: eine unmittelbare Auseinandersetzung mit der jeweiligen (ursprünglich) beängstigenden Situation in der Realität, sobald Ihnen ihre gedankliche Bewältigung

keine Probleme mehr bereitet. Keine Sorge: Die mentale Vorbereitung dieses Schrittes hat sich in vielen Fällen als äußerst effektiv erwiesen. Bei regelmäßiger Anwendung Ihres mentalen Trainings sowie Ihres Suggestionsprogramms können Sie schon nach wenigen Wochen eine generell wachsende Gelassenheit und eine zunehmende innere Sicherheit wahrnehmen. Manche Situation, die Ihnen vormals Unbehagen oder Kopfzerbrechen bereitet hat, wird Ihnen plötzlich völlig harmlos erscheinen.

Trotzdem: Nicht jedes Angstgefühl läßt sich allein durch ein Selbsthilfeprogramm überwinden. Das gilt vor allem für jene Befürchtungen, die Sie in Ihrer Liste mit 8 bis 10 Punkten bewertet haben. Falls Sie in diesen stark ausgeprägten Problembereichen nach einigen Wochen keine Besserung erreichen, sollten Sie sich nicht scheuen, psychotherapeutische Hilfe in Anspruch zu nehmen. Ganz gleich, ob Sie dann Ihren Ängsten mit einer Verhaltens- oder Gesprächstherapie, einer tiefenpsychologisch orientierten Methode oder mit Hypnose »zu Leibe rücken« – in allen Fällen können positive Suggestionen sowie Vorstellungsübungen eine wirksame therapiebegleitende Hilfe sein, die Ihre Fortschritte auf dem Weg in ein (angst-)freies Leben beschleunigt.

Wirksame Worte zur Überwindung Ihrer Ängste

Wie im letzten Kapitel sollten Sie für Ihr mentales Training zur Überwindung von Ängsten ausschließlich die (scheinbar) bedrohlichen Situationen Ihrer »Angstliste« benutzen. Üben Sie auch hier jede Situation so lange, bis Sie ihr in der Vorstellung ohne körperlich-seelische Spannungen begegnen können. Auch für diese Übung sollten Sie etwa 6–8 Minuten aufwenden.

Jeder Mensch kann erstaunlich viel Ruhe und Gelassenheit aus sich selbst schöpfen.

In meinem Unbewußten lebt das Gefühl innerer Freiheit und Gelassenheit.

Ich spüre in mir ein wachsendes Gefühl von Ruhe, Geborgenheit und Selbstvertrauen.

Ich kann mich gelöst und frei fühlen – ganz leicht, lebensfroh, beschwingt.

Ein heiteres Lebensgefühl strömt durch meinen Körper und meine Seele.

Jeder Mensch kann seine Persönlichkeit stärken und neue Situationen meistern.

Ich spüre in mir den Mut zu handeln, ich werde die Dinge in Angriff nehmen.

Meine unbewußten Kräfte stärken meine Persönlichkeit.

Es gibt zahlreiche Möglichkeiten, wie ich gelassener, stärker und ausgeglichener werden kann.

Ich laufe nicht mehr weg, sondern stelle mich jeder Situation, vor der ich früher fliehen wollte.

Ich kann meine Persönlichkeit durch konsequentes Training mehr und mehr stärken.

Je häufiger ich in Gedanken und in der Wirklichkeit eine Situation erlebe, desto entspannter kann ich sie meistern.

Ich kann lernen, mich richtig einzuschätzen und spüre in zunehmendem Maße meine innere Stärke.

Ich kann immer besser akzeptieren, daß ich auch Fehler mache.

Wenn ich mich so nehme wie ich bin, werde ich viel ruhiger und gelassener.

Meine Gelassenheit verstärkt meine Lebensfreude.

Ich weiß, daß ich mich weiterentwickeln werde und meine unbewußten Kraftquellen entfalten kann.

Wirklich angenehm, wie gelöst und frei ich mich fühlen kann, wenn ich meinen inneren Kräften vertraue.

Ich bin frei zu lernen, in allen Bereichen meines Lebens gelassener und souveräner zu werden.

Ich werde lernen, meine Fähigkeiten und Möglichkeiten mehr und mehr zu entfalten.

Mir fällt es immer leichter, jene Situationen aufzusuchen, vor denen ich früher weggelaufen bin.

Ich bin entschlossen, meine Persönlichkeit zu stärken.

Wenn ich nach innen lausche, spüre ich meine Stärke mehr und mehr.

Ich weiß, daß ich wertvoll bin, und ich kann meinen Mitmenschen gelassen in die Augen schauen.

Ich kann Tag für Tag weitere Fortschritte machen.

Ich kann jedem neuen Tag mit Zuversicht und Mut entgegensehen.

Ich kann mutig und beherzt neue Lebensbereiche erschließen.

Je überzeugter ich an meine inneren Kräfte glaube, desto gelassener werde ich mein Leben meistern.

Ich zweifle nicht länger an mir selbst, sondern vertraue meinen unbewußten Möglichkeiten.

Ich gehe konsequent meinen Weg – und trainiere regelmäßig alle Situationen, vor denen ich früher weggelaufen bin.

Ich kann anderen offen, fest und lange in die Augen schauen.

Ich sage »ja«, wenn ich »ja« meine – und »nein«, wenn ich »nein« meine.

Es fällt mir immer leichter, anderen Menschen ruhig, gelassen, selbstsicher und souverän zu begegnen.

Erstaunlich, wie stark und mutig ich sein kann.

Je sicherer ich mich fühle, desto leichter wird es mir fallen, Fehler und Schwächen zuzugeben.

Ich vertraue meinen inneren Kräften und kann meinen Mitmenschen immer unbefangener begegnen.

Ich spüre in mir den Mut zu handeln. Ich kann die Dinge mühelos in Angriff nehmen.

Ich werde neue Möglichkeiten ausprobieren, wie ich zuversichtlicher und stärker werden kann.

Je überzeugter ich an meine inneren Kräfte glaube, desto gelassener und stärker kann ich mich fühlen.

Ich freue mich darüber, daß ich bald immer freier atmen kann.

6 Konzentration – der Triumph des Augenblicks

Was nützen Intelligenz und Begabung, Fleiß und Anstrengungsbereitschaft, hochentwickelte Fertigkeiten oder berufliche Kompetenz, wenn im entscheidenden Augenblick die Konzentration nicht mitspielen will? Die Fehlerzahl steigt, Irrtümer häufen sich, die gesamte Qualität einer Leistung bleibt weit hinter den individuellen Möglichkeiten zurück. Schüler verfehlen ihr Klassenziel, Studenten scheitern im Studium, berufliche Chancen werden vertan und Prüfungen trotz bester Vorbereitungen »versiebt«. Mangelnde Konzentration ist auch die Ursache für zahlreiche Fehlleistungen im Alltag, von der vergessenen Besorgung bis zum zerbrochenen Geschirr, vom Schnitt in den Finger bis zum Verkehrsunfall.
Doch nicht nur die schulische, berufliche oder alltägliche Leistungsfähigkeit, sondern auch der unbeschwerte, zufriedene Genuß der Freizeit erfordert Konzentration. Feierabend, Wochenende oder Urlaub besitzen erst dann einen wirklichen Erholungswert, wenn man sich von inneren und äußeren Störungen abschirmen und das Hier und Jetzt intensiv erleben kann. Und wie sollte man Sinnesfreuden wie Feinschmeckerei, Musik, Theater oder Kunst nachhaltig auskosten, wenn man nicht tatsächlich »bei der Sache« wäre? Wir sehen: Durch Konzentration wird also nicht nur unsere Leistungsfähigkeit verbessert, sondern auch unsere gesamte Lebensfreude erhöht. Mit Hilfe positiver Suggestionen sowie einem gezielten mentalen Training können Sie lernen, den einzelnen Augenblick ganz klar, deutlich, eindringlich, also konzentriert wahrzunehmen – ob Sie sich nun auf eine Prüfung vorbereiten, eine berufliche Leistung erbringen, Ihre Arbeit im Alltag verrichten oder einfach nur Ruhe und Entspannung genießen möchten.

Das Geheimnis »innerer Sammlung«

Sie frühstücken im Gasthaus und beobachten einen weißhaarigen alten Mann, der am Nebentisch sitzt. Merkwürdig: Nachdem er gerade auf sein Schinkenbrötchen Honig geträufelt hat, streut er sich nun Salz in den Kaffee und würzt sein Frühstücksei mit einem halben Löffel Zucker. Dabei geht sein Blick geistesabwesend ins Leere. Nun ja, das Alter, denken Sie und sehen alsbald Ihren Verdacht bestätigt, daß es sich hier offensichtlich um einen Fall seniler Konzentrationsschwäche handelt, denn der gedankenverlorene Gast trägt einen braunen und einen schwarzen Schuh. Wenig später erhebt er sich und strebt dem Ausgang zu. Amüsiert verfolgen Sie, wie er über eine Stufe stolpert und beinahe einen Tisch umstößt, während ihm die Kellnerin nachruft: »Ihr Hut, Ihr Mantel, Herr Professor!« Ungläubig erkundigen Sie sich bei der Bedienung und werden aufgeklärt: »Der alte Herr? Ein berühmter Naturwissenschaftler, nobelpreisverdächtig . . .!«

Diese parodistisch überzeichnete Szene verdeutlicht, daß der vielzitierte »zerstreute Professor« keineswegs zerfahren, teilnahmslos oder gar konfus sein muß. Im Gegenteil. In unserem Beispiel hatte er all seine geistige Energie wie einen Laserstrahl gebündelt und auf ein einziges gedankliches Problem gerichtet, in einem *inneren* Zentrum gesammelt, wodurch seine *äußere* Wahrnehmung erheblich eingeschränkt, ja fast völlig bedeutungslos geworden war.

Hinter einer scheinbaren Zerstreutheit verbirgt sich also nicht selten eine beachtliche Konzentrationsleistung. Wenn der zwölfjährige fußballbegeisterte Tobias verträumt zum Fenster des Klassenzimmers hinausstarrt und vom Lateinlehrer ermahnt wird, könnte er durchaus gerade in gedanklicher Schwerstarbeit einen perfekten Doppelpaß trainieren. Auch die entrückten Blicke der verliebten Stenotypistin, die gerade eine Fülle von Tippfehlern produziert, sind kein Beweis für Zerfahrenheit. Möglicherweise konzentriert sie sich gerade besonders intensiv auf lebendige »innere Bilder«, die ihr wesentlich mehr Vergnügen bereiten als die trockene Schreibarbeit. Das kennt jeder von uns: Wenn wir unkonzentriert scheinen, sind wir häufig keineswegs in einem gedanklichen Niemandsland, sondern in besonderem Maße mit einem konkreten Problem beschäftigt. Zur wirklich guten Konzentration gehört also nicht allein die prinzipielle Fähigkeit, seine geistige

Energie für einen längeren Zeitraum in einem »Brennpunkt« zu sammeln. Ebenso wichtig ist, daß wir diesen Vorgang gezielt beeinflussen, also mit unserer Willenskraft steuern können. Allerdings ist das leichter gesagt als getan. Allzuoft gerät unsere Bereitschaft zur »Sammlung« durch *innere* und *äußere* Störungen ins Wanken. Woran liegt das? Welche psychologischen Vorgänge verbergen sich eigentlich hinter dem Begriff »Konzentration«?
Diese äußerst wichtige Fähigkeit zur geordneten und zielgerichteten Wahrnehmung und Verarbeitung der schier unüberschaubaren Eindrücke aus der Umwelt steht dem Menschen keineswegs vom »ersten Schrei« an vollständig zur Verfügung. Sie muß sich – wie sein gesamtes geistiges Potential – im Laufe der Zeit erst entwickeln. Während der ersten drei Lebensmonate erregen nur solche Sinnesempfindungen seine Aufmerksamkeit, die sich vom normalen »Reizpegel« abheben, wie plötzliche Geräusche oder blinkende bzw. aufblitzende Lichter. Dieses frühe Stadium menschlicher Konzentration ähnelt bestimmten instinktiven Reaktionen, die wir bei Tieren beobachten können: Überraschendes und Fremdartiges lassen z. B. Hund oder Katze nur deshalb aufmerksam die Ohren spitzen, weil sie ergründen möchten, ob Gefahr im Verzug ist. Diese Urform der Konzentration wurde von *I. Pawlow* als »Was-ist-da-Reflex« bezeichnet.
Etwa ab dem zweiten Lebensjahr ist ein Kind aber zu Konzentrationsleistungen fähig, die einem Tier nicht mehr möglich sind. Mit zunehmender Entwicklung seines zentralen Nervensystems kann der Mensch seine Aufmerksamkeit nicht allein auf *äußere* Sinneseindrücke richten, sondern auch auf *innere* geistige Zusammenhänge, wodurch seine Konzentration um eine ganz wesentliche Dimension erweitert wird. Beim Kind ist die Fähigkeit, sich abstrakten Problemen zu widmen, freilich noch recht begrenzt. Wenn es zur Schule kommt, kann es sich kaum länger als 15–20 Minuten gezielt mit einer bestimmten Aufgabe befassen. Doch schon jetzt zeigt sich deutlich: Die Fähigkeit zur Konzentration ist sowohl individuell als auch von Situation zu Situation sehr unterschiedlich. Beim Spielen beispielsweise, das von dem berühmten Pädagogen *J. H. Pestalozzi* als »Arbeit des Kindes« bezeichnet wurde, sind Schulanfänger durchaus in der Lage, für anderthalb Stunden bei ein und derselben Sache zu bleiben. Andererseits gibt es auch Sechsjährige, die so ablenkbar und sprunghaft sind, daß sie sich

schon nach wenigen Augenblicken immer wieder einem neuen Gegenstand zuwenden.
Und der Erwachsene? Kann er sich normalerweise über Stunden ohne Unterbrechung ganz aufmerksam seiner Arbeit widmen? Keineswegs. Selbst einem hervorragenden Konzentrationskünstler sind eine Reihe natürlicher Grenzen gesetzt. Die Einschränkungen beginnen bereits bei der Wahrnehmung von Umweltreizen, die über die Sinnesorgane – vor allem Auge und Ohr – aufgenommen werden. So kann der Mensch in einem kurzen Moment lediglich vier bis sechs optische Eindrücke (z. B. Kreis, Viereck, Halbmond, Kreuz, Schlangenlinie, Ellipse) gleichzeitig bewußt erfassen. Das können Sie in einem kleinen Experiment ausprobieren, indem Sie solche Figuren auf ein Blatt Papier malen und einer Testperson nicht länger als eine Sekunde zeigen.
Auch über das Ohr können wir nicht beliebig viele akustische Signale bewußt registrieren. Sämtliche Schallwellen, die um uns entstehen, versetzen unsere Trommelfelle in Schwingungen, doch nur wenige lassen sich durch gezieltes Hinhören gleichzeitig identifizieren. Das gilt nicht nur für Geräusche, sondern auch für die verschiedenen Elemente eines Musikstücks, wie z. B. Klangfarben, Instrumente oder Melodieführung; und erst recht für die Sprache! Versuchen Sie einmal während einer Unterhaltung die Nachrichten im Radio zu verfolgen. Oder sagen Sie ein Gedicht auf, und schreiben Sie gleichzeitig einen Brief. Unmöglich? Höchstwahrscheinlich – es sei denn, Sie verfügen über jene Spezialbegabung, die Julius Cäsar nachgesagt wird: Er soll tatsächlich in der Lage gewesen sein, mehrere Briefe simultan zu diktieren und obendrein noch einen weiteren zu schreiben.
Doch normalerweise ist eine gleichzeitige Informationsaufnahme und -verarbeitung (bzw. die Konzentration auf verschiedene zugleich ausgeführte Tätigkeiten) stark eingeschränkt. Ein Defizit, das uns aber nicht betrüben sollte. Schließlich liegt in einer solchen Selektion ja eine lebenswichtige Notwendigkeit. Ohne diesen Wahrnehmungsfilter würden wir nämlich von den vielfältigen Eindrücken, die ständig und überall auf uns einwirken, schlichtweg »erschlagen«. Um herauszufinden, wie gut man parallel laufende sprachliche Mitteilungen verstehen kann, führten Konzentrationsforscher aufschlußreiche Experimente durch. Den Versuchsteilnehmern wurden über Kopfhörer zwei Informationen gleichzeitig dargeboten und anschließend deren Inhalt abge-

fragt. Die Leistung der Probanden hing in hohem Maße von der jeweiligen Präsentation der Stimmen ab. Zwei von demselben Sprecher aufgenommene und *mono* abgespielte Texte konnten nur mühsam identifiziert werden. Wurde indes jedem Ohr ein anderer Sprecher zugewiesen, so gelang es wesentlich besser, einen Teil der Informationen richtig wiederzugeben. Generell erlebten die Versuchsteilnehmer diese Aufgabe aber als anstrengend und ermüdend. Als besonders schwierig erwies es sich, eine der beiden Informationen unmittelbar zu wiederholen und die andere möglichst genau zu erfassen. Die Probanden sprachen dabei eigenartig monoton und teilnahmslos; von der anderen Botschaft, die durch ihre aktive Teilnahme am Geschehen sozusagen »überschattet« wurde, behielten sie so gut wie gar nichts.

Eigene Untersuchungen zur Wahrnehmung verschiedener gleichzeitig sprechender Stimmen mit Hilfe der Kunstkopf-Aufnahmetechnik kamen zu einer Reihe weiterer interessanter Resultate: Eine möglichst natürliche, »weiträumige« Anordnung der Stimmen im Stereo-Panorama sowie ihre hohe akustische Trennschärfe durch unterschiedliche Sprechweisen (normales Sprechen, Flüstern) oder elektronische Verfremdungen erleichtert ihre Verständlichkeit erheblich. Und je entspannter der Hörer ist, desto besser gelingt es ihm, seine Aufmerksamkeit auf *mehrere* simultane Informationen zu verteilen. Zudem konnten wir eine wichtige Erkenntnis bestätigen, die in den bislang durchgeführten Experimenten fast immer unberücksichtigt blieb. Der Mensch erfaßt nämlich seine Umwelt nicht nur mit gezielter Aufmerksamkeit und *bewußter* Konzentration, sondern auch durch eine Art *unbewußter* »Registratur«. Diese beiläufige Wahrnehmung und Speicherung bestimmter Ereignisse ohne Beteiligung des Bewußtseins läßt sich durch Hypnose-Experimente eindrucksvoll demonstrieren: In hypnotischer Trance können viele Versuchsteilnehmer auch solche Details einer Information oder einer Beobachtung präzise wiedergeben und beschreiben, über die sie im Wachzustand höchstens zu vagen Aussagen fähig sind.

Doch vermag unsere Konzentrationsfähigkeit nicht wesentlich mehr als nur die aufmerksame Wahrnehmung, Deutung und Speicherung von Dingen, Ereignissen oder sprachlichen Mitteilungen? Und ist nicht vor allem die Fähigkeit zur »inneren Sammlung«, zur intensiven Beschäftigung mit bestimmten Gedanken oder Vorstellungen, zur Lösung von geistigen Aufgaben ein ganz wesentlicher Bestandteil optimaler Konzentration? Ganz sicher! Deshalb machte der amerikanische Psychologe *J. Kagan* den Vorschlag, die gezielte Erfassung *äußerer* Reize als *Aufmerksamkeit,* die Hinwendung auf *innere* Vorgänge dagegen als *Konzentration* zu bezeichnen. Durch physiologische Messungen zeigte der Forscher, daß sich dieser Unterschied auch auf körperliche Vorgänge auswirkt. Im Zustand der Konzentration, also der inneren Sammlung, verlangsamten sich Pulsschlag und Atemfrequenz, während das aufmerksame Erfassen von Außenreizen mit einer Anregung des Organismus einherging. Diese Beobachtungen sind leicht nachvollziehbar, wenn wir uns noch einmal den ursprünglichen Sinn der Aufmerksamkeit vergegenwärtigen. Sie soll ja einem Lebewesen dabei helfen, möglichst rasch Gefahren zu erkennen. Folglich muß der Organismus in Alarmbereitschaft versetzt werden und »auf dem Sprung« sein, damit es im Notfall sofort flüchten kann.

Trotzdem geht die von *Kagan* vorgeschlagene klare Trennung zwischen Konzentration und Aufmerksamkeit an der Realität vorbei. Für bestimmte Aufgaben im isolierten psychologischen Labor mag sie Gültigkeit haben, gewiß. Doch in unserem normalen Alltag unterliegen wir einem ständigen Wechsel zwischen innerer und äußerer Konzentration, und an den meisten Tätigkeiten sind – wenn auch in unterschiedlichem Maße – *beide* Vorgänge beteiligt. Während Sie diesen Text lesen, folgen Ihre Augen aufmerksam den Buchstaben und Worten; gleichzeitig verarbeiten Sie »im Kopf« den Inhalt des Textes. Ein guter Tennisspieler beispielsweise fixiert den Ball mit gespannter Aufmerksamkeit. Wenn er aber nicht zugleich mit seinen Gedanken und Vorstellungen »bei der Sache« ist und sich nicht bei jedem einzelnen Schlag innerlich sammelt (was wir besonders gut beim Aufschlag beobachten können), wird seine Leistung deutlich hinter seinen eigentlichen Fähigkeiten zurückbleiben. Ähnlich ergeht es einem Pianisten, der eine Partitur vom Blatt spielt. Seine Augen jagen in Windeseile durch die komplizierte Notenlandschaft, während die wahrgenommenen und gedeuteten Informationen blitzschnell in entsprechende Fingerbewegungen umgesetzt werden. Gleichzeitig fühlt er sich in die Klanggebilde ein, um ihnen einen angemessenen musikalischen Ausdruck zu verleihen. Wehe, wenn er sich nicht innerlich sammelte und sich auch nur durch einen einzigen tätigkeitsfremden Gedanken ablenken ließe! Dem

Kunstgenuß seiner Zuhörerschaft würde fast zwangsläufig ein empfindlicher Dämpfer versetzt. Beim Schachspieler hingegen hat die Konzentration auf äußere Reize, also auf die Figuren, nur eine untergeordnete Bedeutung. Denn: Er ist ja völlig in seine bildhaften Vorstellungen, in eine »Innenwelt« versunken, in der die Figuren allerdings sehr lebendig werden und sich in zahlreichen Varianten über ein imaginäres Schachbrett bewegen.

Wir sehen: Ob nun eine bestimmte Konzentrationsleistung eine stärkere oder geringere Beachtung von *äußeren* Gegebenheiten erfordert – es ist *grundsätzlich* ebenso notwendig, sich *innerlich* auf die jeweilige Aufgabe oder Tätigkeit einzustellen und sich möglichst vollständig von allen störenden Einflüssen abzuschirmen. Leider ähnelt unsere Konzentration jedoch einem labilen Pflänzchen, das von jedem Windhauch aus dem Gleichgewicht gebracht wird. Selbst in Phasen scheinbar höchst konzentrierter Tätigkeit zeigt sich die Klarheit und Helligkeit unseres Bewußtseins nicht konstant, sondern pulsierend. Und unsere Fähigkeit, Störreize auszublenden, unterliegt ebenfalls einem mehr oder weniger ausgeprägten Auf und Ab – was Sie eindrucksvoll beobachten können, wenn Sie »bei der Sache« sind: Mal nehmen Sie Ihre Umwelt (Straßenlärm, das Ticken einer Uhr, eine Unterhaltung in der Nähe) überhaupt nicht bewußt wahr, mal treten solche Geräusche wieder in den Vordergrund. Diese Schwankungen der Intensität sowie der Dauer unserer Konzentration entstehen aber nicht zufällig, sondern hängen von zahlreichen Bedingungen ab, mit denen wir uns im nächsten Abschnitt beschäftigen wollen.

Was beeinträchtigt unsere Konzentration?

In einer schwedischen Studie wollte man herausfinden, ob die Konzentration des Menschen auch mit der Tageszeit, also mit einem bestimmten biologischen Rhythmus zusammenhängt. Während eines Zeitraums von 20 Jahren wurden in einem Schichtbetrieb mehr als 70000 sogenannte Flüchtigkeitsfehler (wie verschreiben, verbessern, verrechnen) analysiert. Das Erstaunliche war, daß die meisten Fehler den Mitarbeitern *nicht* am Ende der jeweils achtstündigen Arbeitszeit, sondern nachts gegen 3 und nachmittags gegen 15 Uhr unterliefen. Die besten

Leistungen wurden von 7–11 und von 16–20 Uhr erzielt. Das geflügelte Wort von der »goldenen Morgenstund« scheint also mehr als bloßer Aberglaube zu sein. Und die für südliche Länder typische »Siesta« erweist sich somit nicht allein wegen der Mittagshitze als eine sinnvolle Einrichtung.

Diese generell wirksame Tagesrhythmik wird natürlich von individuellen »Formschwankungen« überlagert. Wer z. B. die Nacht zum Tage macht und erst gegen Morgen ins Bett geht, der wird seinen Leistungsgipfel kaum zwischen 7 und 11 Uhr erreichen, möglicherweise aber vom Nachmittag bis zum Abend zur Höchstform auflaufen. Doch nicht nur biologische Zyklen, sondern auch andere organische Ursachen können unsere Konzentrationsfähigkeit erheblich beeinträchtigen. Bestimmte Defizite im Stoffwechsel (z. B. Eisenmangel), Schmerzen, Krankheiten schlechthin, kurzum: *körperliches* Ungleichgewicht bringen auch unsere Konzentration erheblich aus der Balance.

Und unser *seelisches* Befinden? Zweifellos liegt hier der entscheidende Schlüssel zur Konzentrationsfähigkeit. *Motivation* – so heißt das Zauberwort, das in den letzten Jahrzehnten wohl in allen Lebensbereichen Einzug hielt. Wer »null Bock« hat, wird sich kaum konzentrieren können; gute Stimmung indessen beflügelt unseren Geist. Eine aufschlußreiche amerikanische Studie zeigte, welchen Einfluß die Atmosphäre einer Situation auf die Qualität einer Leistung ausüben kann. Stenotypistinnen sollten verschiedene Schreibmaschinen testen, um einer Behörde die Entscheidung bei der Anschaffung zu erleichtern. Das Ergebnis: Zwischen den einzelnen Modellen gab es zwar gewisse Unterschiede in Bezug auf Schreibgeschwindigkeit und Fehlerhäufigkeit, doch viel gravierender wirkte sich etwas ganz anderes aus. Völlig unabhängig von der Tageszeit, dem Schreibgerät oder anderen »greifbaren« Bedingungen stieg die Fehlerzahl aller Mitarbeiterinnen plötzlich aus zunächst unerfindlichen Gründen rapide an. Des Rätsels Lösung: Eine allgemein beliebte, weil stets gutgelaunte und verständnisvolle Vorgesetzte war in eine andere Abteilung abberufen und durch eine unsympathische Kollegin ersetzt worden. Die nunmehr vergiftete Arbeitsatmosphäre minderte nicht nur die Güte der Leistung, sondern verstärkte auch die subjektiv empfundene Ermüdung der Schreibkräfte. Innerer Widerwillen, Unlust, mangelnder

Schwung, fehlende Aktivität – diese »seelischen Fesseln« sind offenbar äußerst wirksame Konzentrationsbremsen.
Sollen wir also aufs »geistige Gaspedal« treten, was das Zeug hält? Steigt unsere Leistungsfähigkeit mit zunehmender innerer Spannkraft immer mehr an? Keineswegs – wie die amerikanischen Forscher *R.M. Yerkes* und *J.D. Dodson* mit dem nach ihnen benannten *Yerkes-Dodson-Gesetz* nachgewiesen haben. Eine zunehmende Aktivierung führt zunächst zu einem Anstieg der Leistungsfähigkeit bis zu einem Gipfel. Sobald diese für die Konzentration optimale körperlich-seelische Spannung jedoch überschritten wird, sinkt die Leistungskurve sehr schnell wieder ab – bei komplexen Aufgaben noch stärker als bei leichteren Anforderungen. Einerseits engt sich die Aufmerksamkeitsspanne nun derart ein, daß wichtige Hinweise und Informationen übersehen werden, und andererseits sinkt die Fähigkeit, die aus der Umwelt einströmenden Reize sinnvoll zu ordnen und zu deuten. Kurzum: Die geistige Klarheit wird getrübt, bis schließlich die berühmte »schwarze Klappe« fällt. Das Ende vom Lied ist totales Versagen infolge einer Denkblockade. Wie kommt es dazu?
Die Überaktivierung eines Menschen kann verschiedene Gründe haben: anlagebedingte Impulsivität, Funktionsstörungen in der Hormonproduktion (z. B. Überfunktion der Schilddrüse), erhöhte körperlich-seelische Erregung aufgrund von Hirnschädigungen oder bestimmten Allergien (z. B. Phosphat-Überempfindlichkeit), eine zu hohe Dosierung anregender Stoffe (wie Nikotin, Koffein, aufputschende Medikamente) und vor allem – *Angst vor Mißerfolgen!* Es gibt wohl kaum einen »Konzentrationskiller«, der vor allem Kindern und Jugendlichen, aber auch zahllosen Erwachsenen das Leben so schwer macht wie die bewußte oder verdrängte Befürchtung, einer bestimmten Aufgabe nicht gewachsen zu sein. Das Fatale: Die Sorgen der Betroffenen sind zwar meist völlig unbegründet, erfahren aber in vielen Fällen letztlich doch eine betrübliche Bestätigung, weil die ängstliche Erregung die Konzentrationsfähigkeit und damit die erbrachte Leistung entscheidend mindert. Für den Einsatz positiver Suggestionen gegen angstbedingte Konzentrationsstörungen liefert eine amerikanische Studie eine ganz wichtige Erkenntnis: Beeinträchtigungen der Konzentration in Prüfungssituationen werden nicht allein durch die Aufgeregtheit

des Betroffenen verursacht, sondern auch – und das in hohem Maße! – durch *Selbstzweifel*. So konnte die Konzentrationsfähigkeit der Probanden allein dadurch erheblich beeinträchtigt werden, daß der Versuchsleiter mit Hilfe negativer Suggestionen ihren Selbstwert in Frage stellte. Wichtige Schlußfolgerung: Ermutigende (Selbst-)Suggestionen (wie: »Ich weiß, daß ich wertvoll bin – und ich weiß, was ich kann!«) sind offenbar der erste und entscheidende Schritt, um unser Vertrauen in die eigenen Möglichkeiten, unsere Leistungsmotivation und somit auch unsere Konzentrationsfähigkeit grundlegend zu verbessern.

Wirksame Worte zur Steigerung Ihrer Konzentration

Positive Leitsätze können Ihre innere Ruhe und Ausgeglichenheit fördern, Ihre Persönlichkeit stärken und die Steuerung Ihrer Konzentration nach innen wie nach außen erleichtern. So wird es Ihnen nach regelmäßiger Anwendung Ihres Suggestionsprogramms viel besser gelingen, nur jene Bereiche in Ihr Bewußtsein vordringen zu lassen, die Sie im gegenwärtigen Augenblick wahrnehmen und erleben möchten. Und dazu gehören nicht nur Leistungsanforderungen, sondern auch all jene »herrlichen Nebensächlichkeiten«, die – intensiv und ohne störende Gedanken oder gar Schuldgefühle genossen – letztlich den Grad Ihrer generellen Lebensfreude bestimmen.
Allerdings: Sie haben auch gesehen, daß Ihre Konzentration ein höchst *aktiver* Prozeß ist, der sich folglich vor allem durch geistige Regsamkeit verbessern läßt. Versuchen Sie also, Ihre Konzentration mit reizvollen »inneren Bildern« spielerisch zu trainieren. Dazu gehört eine ganz einfache Vorbereitung: Stellen Sie sich eine Liste mit bestimmten Aufgaben, Problemen und Situationen zusammen, die Sie gern konzentrierter lösen, bewältigen bzw. erleben möchten. Für jede Sitzung nehmen Sie sich *nur einen* Punkt dieser Aufstellung vor. Nachdem Sie sich durch den Anblick des Kerzenlichtes entspannt haben, sollten Sie *vor* Ihrer Imaginationsübung irgendeinen kleinen Gegenstand (z. B. einen Kristall, eine Glaskugel, ein Amulett) einige Minuten lang fixieren. Vergessen Sie dabei alles, was um

Sie herum geschieht, und sammeln Sie Ihre Gedanken in diesem »Zentrum«. Möglicherweise gelingt es Ihnen ja bereits auf diese Weise, jenes ebenso entspannende wie anregende Gefühl zu erfahren, das eine optimale Konzentration so angenehm macht: die Faszination des Augenblicks!

Ich spüre in mir die wachsende Bereitschaft und Fähigkeit zur Besinnung, Sammlung und Konzentration.

Ich kann mich von jedem störenden Gedanken, von jeder Ablenkung befreien.

Mir gelingt es immer besser, jede Sekunde meines Lebens in aller Klarheit wahrzunehmen.

Konzentration ist die Faszination des Augenblicks.

Mich konzentrieren heißt: das Hier und Jetzt intensiv wahrzunehmen und zu genießen.

Jede Tätigkeit hat einen reizvollen Aspekt – und sei es der Gewinn, den ich durch meine Konzentration erziele.

Mir fällt es immer leichter, mich zu sammeln und nur auf *das* auszurichten, was ich gerade tue.

Freude über den Erfolg meiner Konzentration beflügelt meine geistige Sammlung mehr und mehr.

Je gelöster, entspannter und ausgeglichener ich bin, desto besser gelingt mir meine innere Sammlung.

Mir gelingt es immer besser, jede Sekunde meines Lebens in aller Klarheit wahrzunehmen.

Meine Gedanken werden immer klarer, mein Gedächtnis immer besser.

Es fällt mir immer leichter, mich von störenden Einflüssen abzuschirmen und von jeder Ablenkung zu befreien.

Mein Unbewußtes kann mir viele Möglichkeiten mitteilen, wie ich das Hier und Jetzt intensiver wahrnehmen kann.

Auch Pflichten können Spaß machen, sobald ich in der jeweiligen Aufgabe einen reizvollen Aspekt entdecke.

Erstaunlich, wie mühelos ich mich auf diesen Augenblick konzentrieren kann.

Es gibt nichts mehr, was mich stört.

Es macht Spaß, zu erfahren, daß ich mich mühelos sammeln kann.

Ich kann das Hier und Jetzt frei und entspannt genießen.

Je gelassener und entspannter ich bin, desto leichter fällt mir das Lernen.

Alles fällt mir wie von selbst zu.

Ich weiß, daß ich meine Ziele mühelos erreichen kann.

Ich bin von meinen Fähigkeiten und Möglichkeiten überzeugt.

Ich kann all meine unbewußten Kräfte sammeln und das Hier und Jetzt genießen.

Ich kann meine Erfolgsaussichten vernünftig und realistisch einschätzen.

Ich sehe allen Situationen meines Lebens gelassen und zuversichtlich entgegen.

Ich weiß, daß ich mich in erstaunlicher Klarheit auf das Wesentliche konzentrieren kann.

7 Streß bewältigen

»Ich bin voll im Streß!« oder: »Mach' mir keinen Streß!«, vielleicht auch: »Ich brauche halt meinen Streß!« – ganz gleich, ob dieses Modewort mit anklagendem Unterton, verhaltenem Stolz, beschwörenden Gesten oder spitzbübisch-verschmitztem Lächeln vorgebracht wird, der Gesprächspartner weiß Bescheid. Schließlich hat jeder irgendwie seinen Streß. Sie, ich, wir alle. In erster Linie richtet sich unser anklagender Zeigefinger zunächst auf die äußeren Umstände und auf die Mitwelt. Einer der wichtigsten Störenfriede, der immer wieder angeführt wird, ist der Beruf mit seinen mannigfachen Anforderungen, Unwägbarkeiten und Ungerechtigkeiten, mit seinen Konflikten und Befürchtungen. Kaum weniger bedeutsam ist der (Ehe-)Partner, der leider allzuoft für »Streß« sorgt, obwohl man doch gerade mit ihm in Frieden und Harmonie leben möchte. Unmittelbar damit verknüpft sind die Reibereien mit den lieben Kindern, die schon aufgrund ihrer naturgemäßen Lebhaftigkeit eine gewisse Unruhe verursachen – ganz abgesehen von all den Ärgernissen, Sorgen und Nöten, die zwangsläufig mit der Erziehung verbunden sind. Weiter aufgezählt werden gern die Verwandten, vor allem die (Schwieger-)Eltern, die es zwar grundsätzlich »nur gut« meinen, gleichwohl häufig für eine gespannte Atmosphäre verantwortlich gemacht werden. Hinzu kommen Nachbarn, Freunde, Bekannte, der aufdringliche Vermieter oder der unzuverlässige Handwerker, die gestrenge Politesse oder der unhöfliche Schalterbeamte. Ganz zu schweigen von den alltäglichen Widrigkeiten, an denen allein das böse Schicksal die Schuld trägt, wie der rote Wollstrumpf, der versehentlich in die Wäschetrommel mit Schneeweißem geraten ist, eine gerissene Einkaufstüte, ein Defekt im Haushalt, eine Reihe von Verkehrsampeln, die sich aus lauter Bosheit hartnäckig von ihrer roten Seite zeigen oder – oder – oder.
Streß verfolgt uns, wo immer wir gehen und stehen. Berechtigte Frage: Müssen wir uns alle früher oder später mit nervösen und psychosomatischen Beschwerden in ärztliche, psychologische, vielleicht sogar psychiatrische Behandlung begeben? Sind wir also hilflose Opfer

dieses Zivilisationsproblems? Fast scheint es so. Denn typische streßbedingte Krankheiten wie Magengeschwür, Bluthochdruck und Herzinfarkt sind auf dem Vormarsch, psychotherapeutische Institute und Praxen melden Hochkonjunktur, und der Konsum von Psychopharmaka hat mittlerweile ein schwindelerregendes Ausmaß erreicht. Um so bedeutsamer sind die Ergebnisse zahlreicher wissenschaftlicher Untersuchungen, die zeigen konnten, daß der Streß in unserem Dasein keineswegs ein unkündbares Dauerabonnement besitzt. Letztlich wird er nämlich viel weniger von unglücklichen Umständen oder unseren Mitmenschen verursacht, als wir wahrhaben möchten. Vielfach »machen« wir ihn uns selbst – sei es durch den (unbewußten) Aufbau von Hindernissen, die wir uns selbst in den Weg stellen, oder sei es durch eine Fehlinterpretation objektiver Ereignisse und entsprechender Überreaktionen unserer Gefühle.
Die folgenden Überlegungen sollen Ihnen dabei helfen, die Ursachen und Auswirkungen unterschiedlicher Streßereignisse besser zu verstehen und einige Bewältigungstechniken kennenzulernen und auszuprobieren. Der zusätzliche Einsatz Ihres Suggestionsprogramms wird Ihnen dabei helfen, daß Sie sich bald ruhiger, ausgeglichener und zuversichtlicher fühlen. Auf diese Weise wird Ihre Bereitschaft angeregt, jene Änderungen und Wandlungen in Ihrem Leben vorzunehmen, die letztlich für eine dauerhafte Bewältigung von Streß und damit für ein Stück mehr Zufriedenheit und Lebensfreude entscheidend sind.

Körper und Seele unter Druck

Die Auswirkung von Streßfaktoren[10] auf den menschlichen Körper wurde zum ersten Mal von dem kanadischen Forscher *H. Selye* systematisch untersucht. Er richtete sein Augenmerk dabei vor allem auf physikalische Reize wie Lärm, eisige Kälte, Nahrungsmangel, Schlafentzug, kurzum, auf ein physiologisches Zuviel oder Zuwenig, das den Körper zu einer Neuanpassung zwingt. Dabei konnte er – wie wir noch genauer sehen werden – gravierende Veränderungen im gestreßten Organismus nachweisen.
Daß z. B. Lärm nicht nur als störend, lästig oder gar quälend empfunden wird, sondern auch zu körperlichen Krankheiten führen kann, ist

mittlerweile weithin bekannt. Lärmschutzwände an den Autobahnen, bestimmte Einschränkungen des Flugverkehrs oder Richtlinien für Gewerbebetriebe zeigen, daß diesem Streßfaktor im allgemeinen durchaus Rechnung getragen wird. Dennoch bedeuten solche Bemühungen wenig Trost für Menschen, die an Hauptstraßen, Bahnlinien oder in Tieffluggebieten wohnen. Gegen einen derartigen »Dauerbeschuß« ist oftmals kein Kraut gewachsen. Sicher ist der Mensch ein Gewohnheitstier und kann sich auf eine solche Überbeanspruchung in gewisser Weise einstellen. Doch selbst, wenn er sich subjektiv nicht mehr gestört oder belastet fühlt, läßt sich in vielen Fällen noch ein (oft krankmachendes) erhöhtes körperliches Erregungsniveau nachweisen.

Aber nicht nur die Stärke, auch die Art akustischer Reize bestimmt ihren Einfluß auf den Menschen. Für viele Orchestermusiker beispielsweise bedeuten die dissonanten Partituren mancher moderner Komponisten eine erhebliche Belastung ihres Organismus – was sich bei den Betroffenen nicht zuletzt in verstärkt auftretenden psychosomatischen Störungen widerspiegelt. Zweifellos können auch andere berufliche Beschwernisse und Anforderungen Streßempfindungen und -reaktionen begünstigen. Zum Beispiel zeigten Untersuchungen an Fluglotsen, denen ja neben intensiver Konzentration auch eine große Verantwortung abverlangt wird, eine wesentlich höhere Neigung zu Bluthochdruck oder Magengeschwüren als an Vergleichspersonen aus anderen Berufsgruppen.

Ein belastendes *Zuwenig* an Umweltreizen läßt sich unter anderem in schallschluckenden oder stockfinsteren Räumen hervorrufen. Aber auch Langeweile und Monotonie bedeuten Streß. Arbeitspsychologische Studien haben nachgewiesen, daß eintönige Handgriffe, die obendrein noch unter vorgegebenem Tempo zu erledigen sind (wie Fließbandarbeit), eine viel größere Belastung für den Beschäftigten darstellen als eine anspruchsvolle, aber abwechslungsreiche Tätigkeit. Nicht nur die *physikalische* Qualität eines Umweltreizes (z. B. Bildschirmflimmern bei der Arbeit am Computer), sondern auch seine *psychologische* Bedeutung spielt also für die individuelle Streßreaktion des »Empfängers« offenbar eine ganz wesentliche Rolle.

Wie sehr auch rein seelische Beanspruchungen den gesamten Organismus unter Streß setzen können, wird immer wieder bei schweren

Schicksalsschlägen offenkundig. In der Liste besonders belastender unglücklicher Ereignisse steht der Tod des (Ehe-)Partners verständlicherweise ganz oben. Kaum weniger schwerwiegend ist vielfach der Tod eines anderen nahestehenden Menschen – sei es ein Verwandter, Freund oder Arbeitskollege. Erheblichen Streß verursachen auch Unfälle und ernsthafte Krankheiten, ganz gleich, ob man selbst davon betroffen ist oder nahe Angehörige. Außerdem: Scheidung, Kündigung, Pensionierung, Wohnungswechsel, also Ereignisse, die mit Trennung, emotionalem Verlust, Existenzbedrohung oder Beeinträchtigung des Selbstwertgefühls zusammenhängen.
Indes sind schwere Schicksalsschläge und Unglücksfälle eher Ausnahmen. Viel häufiger machen uns all jene Widrigkeiten des Alltags zu schaffen, die zwar geringfügig zu sein scheinen, aber in der Summe schon manchen Nervenzusammenbruch verursacht haben, sobald der berühmte Tropfen das Faß zum Überlaufen brachte. Der ständige, mannigfaltige »Beschuß« unserer Seele mit Ärger, Sorgen und Verdrießlichkeiten macht letztlich jene Plage aus, die wir pauschal mit »Streß« umschreiben.
Wie gut oder schlecht wir mit den Anforderungen und Unannehmlichkeiten unseres Lebens fertig werden, hängt aber keineswegs allein vom jeweiligen Ereignis ab. Die harmlose Stubenfliege an der Wand, ein kleiner Fleck auf der Bluse oder eine versalzene Suppe mögen für den einen Bagatellen, für den anderen hingegen gravierende Ärgernisse darstellen. Die ganz individuelle Wahrnehmung, Deutung und Bewertung einer Situation entscheiden also letztlich darüber, ob Seele und Körper mit Streß oder Gleichmut, vielleicht sogar mit heiterer Gelassenheit reagieren.

Unser »Innenleben« unter Dampf

Ein Kratzer am neuen Auto – was empfinden Sie? Ärger? Wut? Möglicherweise auch Angst, weil das Mißgeschick ein »Donnerwetter« Ihres Partners nach sich ziehen könnte? Solche unangenehmen inneren Regungen, die häufig eine Mischung aus mehreren Gefühlen darstellen, sind völlig natürlich, also weder abnorm noch krankhaft. Ob diese Aktivierung unseres »Innenlebens« nun wirklich in Streß ausartet, hängt nach Meinung führender Wissenschaftler weniger davon ab, wie oft und wie heftig sie auftritt, sondern wie gut es uns gelingt, die grundsätzlich mit Emotionen gekoppelte körperlich-seelische Erregung wieder abzubauen. Für die Vermeidung von Dauerstreß ist es also ganz entscheidend, wie schnell man sich nach Belastungen wieder entspannen kann. Diese Fähigkeit hängt von unserer generellen Einstellung zum Leben ebenso ab wie von unserer seelischen Stabilität, Selbstsicherheit und Anpassungsfähigkeit.

Deshalb muß es keineswegs immer ungesund sein, wenn man sich bestimmten Belastungen aussetzt. Im Gegenteil bewirken Herausforderungen zu Höchstleistungen, die z. B. von Bergsteigern oder Abenteurern, aber auch von Denksportlern gern angenommen werden, eher Zufriedenheit, ja Euphorie als Neurose oder psychosomatische Krankheiten. Solche als positiv erlebten Anforderungen werden auch als »Eu-Streß« bezeichnet, der wahrscheinlich jedem von uns z. B. in Form von Nervenkitzel bekannt ist. Offenbar empfinden wir unser Leben dann am interessantesten, wenn es genau jenes Maß an Dynamik enthält, das uns vor Langeweile bewahrt, aber noch nicht zu ständiger innerer Unruhe führt. *Anhaltende* seelische Spannungen sind also die eigentlichen Widersacher unseres Wohlbefindens – selbst wenn wir uns solcher Störungen gar nicht bewußt sind. Denn häufig führen scheinbar »gekonnt« verdrängte Streßempfindungen zu einer dauerhaften unterschwelligen Erregung, die meist als normal erlebt wird, aber dennoch für Gereiztheit und Unzufriedenheit, für Magengeschwür oder Herzinfarkt verantwortlich sein kann.

Was meinen Sie – gehören Sie zu jenen Menschen, die besonders streßgefährdet sind, weil sie unter permanentem Druck leben? Der amerikanische Arzt *J. Nora* hat einen Katalog mit typischen Merkmalen solcher spannungsgeladenen Persönlichkeiten aufgestellt, die ein erhöhtes Risiko für Kreislauf- und Herzerkrankungen oder für andere psychosomatische Leiden tragen. Auch wenn Sie »nur« den Beruf der Hausfrau ausüben, können Sie die folgenden Beobachtungen auf Ihre persönliche Situation übertragen und einigen Aufschluß über Ihre Streßanfälligkeit bekommen. Sie brauchen die Fragen lediglich mit einem ehrlichen »Ja« oder »Nein« zu beantworten.

1. Haben Sie häufig das Gefühl, daß der Tag viel zu kurz ist, um alles Notwendige zu erledigen?
2. Ist Ihre Gestik gewöhnlich sehr lebhaft?
3. Essen Sie meist sehr hastig?
4. Geht Ihnen im Leben eigentlich alles viel zu langsam?
5. Unterbrechen Sie andere häufig im Gespräch? Und: Neigen Sie dazu, die Sätze Ihrer Gesprächspartner zu vollenden?
6. Vor Ihnen fährt ein »Sonntagsfahrer«. Werden Sie nervös oder wütend?
7. Werden Sie schnell ungeduldig, wenn Sie Schlange stehen müssen?
8. Nerven Sie Routinetätigkeiten, weil Sie dadurch von wichtigeren Arbeiten abgehalten werden?
9. Lesen Sie Bücher gern diagonal, um möglichst schnell »durchzukommen«?
10. Befassen Sie sich in Gedanken oder auch in der Realität häufig mit mehreren Dingen gleichzeitig?
11. Wälzen Sie auch in Ihrer Freizeit oder im Urlaub berufliche oder familiäre Probleme?
12. Sprechen Sie die letzten Worte eines Satzes gewöhnlich rascher als die einleitenden Worte?
13. Fällt es Ihnen schwer, ein Gespräch über Dinge zu führen, die Sie nicht sonderlich interessieren?
14. Haben Sie in Ihrer Freizeit oder im Urlaub immer das Gefühl, »eigentlich etwas tun zu müssen«?
15. Gestalten Sie Ihren Zeitplan immer so knapp, daß kaum noch Zeit für Unvorhergesehenes bleibt?
16. Pressen Sie häufig Ihr Gebiß zusammen, oder knirschen Sie mit den Zähnen?
17. Bringen Sie oft Arbeitsunterlagen mit nach Hause, um sie in Ihrer Freizeit zu erledigen?
18. Vergleichen Sie die Resultate Ihrer Leistungen kritisch mit den Erfolgen anderer?
19. Ballen Sie während eines Gesprächs häufiger die Faust, um ihren Worten Nachdruck zu verleihen?
20. Sind Sie mit Ihrem Beruf bzw. mit Ihrer familiären Situation unzufrieden?

Streßforscher *Nora* kam in seinen Untersuchungen zu folgender Bewertung: Wenn Sie weniger als neun Fragen bejaht haben, kann der Streß Ihrer Gesundheit relativ wenig anhaben. Haben Sie 9–13 Fragen mit »ja« beantwortet, dann ist Ihr Streßpegel zwar schon erhöht, aber Sie gehören noch nicht zur gesundheitsgefährdeten Risikogruppe. Falls jedoch mehr als 13 Beobachtungen auf Sie zutreffen, sollten Sie unbedingt versuchen, kürzer zu treten, ruhiger zu werden und mehr Gelassenheit zu finden, da offenbar nicht nur Ihr Wohlbefinden gestört, sondern auch Ihre Gesundheit gefährdet ist. Nach unserer Einschätzung sollte Ihnen aber jedes »Ja« in diesem Fragenkatalog zu denken geben, da es ein Indiz für möglichen Dauerstreß sein könnte. Der folgende Test kann Ihnen dabei helfen, Ihre persönlichen Streßfaktoren konkret zu erfassen und zu bewerten.

Test: Wie streßanfällig sind Sie?

Beantworten Sie die folgenden Fragen möglichst spontan. Falls Sie sich nicht so recht für eine der drei vorgegebenen Antworten entscheiden können, kreuzen Sie jene Alternative an, die auf Sie *am ehesten* zutrifft.

1. Macht Ihnen eigentlich Ihre Arbeit Spaß?
   [a] Auf jeden Fall
   [b] Im großen und ganzen schon
   [c] Nicht so sehr

2. Wie reagieren Sie auf kleinere Mißerfolge?
   [a] Darüber kann ich mich sehr ärgern
   [b] So etwas macht mir nicht viel aus
   [c] Ich überlege mir, wie ich es beim nächsten Mal besser machen kann

3. Eine nahestehende Person kritisiert Sie. Was geht in Ihnen vor?
   [a] Etwas betroffen bin ich schon
   [b] Ich fühle mich sehr gekränkt
   [c] Ich überlege mir, ob die Kritik berechtigt ist

4. Fällt es Ihnen leicht, Ihre Gefühle offen auszusprechen?
   [a] Damit habe ich keine Schwierigkeiten
   [b] Manchmal ist das wirklich nicht einfach
   [c] Ich behalte meine Gefühle meist für mich

5. Wie fühlen Sie sich unter Zeitdruck?
   [a] Ich werde ziemlich hektisch und nervös
   [b] Ich bin dann zwar angespannt, aber konzentriert
   [c] Eigentlich fühle ich mich dann wie immer

6. Ist es Ihnen wichtig, recht zu behalten?
   [a] Nein – der Klügere gibt nach . . .
   [b] Es kommt darauf an, worum es geht
   [c] Natürlich – was recht ist, muß recht bleiben

7. »Zufriedenheit bedeutet Stillstand!« Was halten sie von dieser Aussage?
   [a] Völlig richtig
   [b] Völlig falsch
   [c] Stimmt nur zum Teil

8. Tragen Sie eigentlich gern Verantwortung?
   [a] Das überlasse ich lieber anderen
   [b] In bestimmten Bereichen schon
   [c] Je mehr, desto besser

9. Legen Sie viel Wert auf Ordnung?
   [a] Ja, ich hasse Unordnung
   [b] Eine gewisse Ordnung ist ganz sinnvoll
   [c] Ich bevorzuge eine »schöpferische« Unordnung

10. Werden Sie häufig vom Pech verfolgt?
   [a] Kaum – ich bin wohl ein Glückspilz
   [b] Relativ wenig
   [c] Ja – ich bin wirklich ein Pechvogel

11. Können Sie schnell abschalten?
   [a] Ja, sehr schnell

[b] Mehr oder weniger
[c] Das fällt mir oftmals sehr schwer

12. Wie schätzen Sie Ihre Stimmungslage ein?
[a] Ich halte mich für ziemlich ausgeglichen
[b] Meine Stimmung kann sehr schwanken
[c] Ich bin meistens gut gelaunt

Testauswertung:

Kennzeichnen Sie Ihre Antworten in der folgenden Tabelle, und addieren Sie Ihre Punkte.

Frage		1	2	3	4	5	6	7	8	9	10	11	12
	a	0	6	3	0	6	3	6	0	6	0	0	3
Antwort	b	3	0	6	3	3	0	3	3	3	3	3	6
	c	6	3	0	6	0	6	0	6	0	6	6	0

Gesamtpunktzahl: [30]

Die Höhe Ihrer Gesamtpunktzahl spiegelt nicht unbedingt den »Pegel« Ihrer Streßanfälligkeit wider. Ein *Punktwert unter 18* kann zwar eine ausgeprägte innere Ruhe und Gelassenheit anzeigen, aber auch ein gewisses Desinteresse an der Umwelt, vielleicht Langeweile oder innere Leere, kurzum: den Streß innerer Unzufriedenheit. Denn eine gewisse Aktivität und emotionale Beteiligung gehören ja zu einem wirklich zufriedenen Leben. Auch die Neigung, Probleme zu verdrängen, führt nicht selten zu einem niedrigen Testergebnis.
Liegt Ihre Gesamtpunktzahl *zwischen 21 und 45 Punkten,* dann besitzen Sie ein durchschnittliches Maß an innerer Ruhe und Ausgeglichenheit, wobei ein höherer Punktwert eine größere Streßanfälligkeit – zum Beispiel durch Leistungsdruck, Ordnungszwang oder Kritikempfindlichkeit – anzeigt.

Ab 48 Punkte gilt: Vorsicht, Sie sind streßgefährdet! Auch wenn Sie sich (scheinbar) bestens fühlen, stehen Sie doch unter inneren Spannungen. Denn Sie setzen sich offenbar unter starken Leistungsdruck und nehmen sich auch unwichtige Ereignisse zu sehr zu Herzen, wodurch Ihr Wohlbefinden beeinträchtigt wird.
Die einzelnen Testfragen können Ihnen dabei helfen, wichtige Streßauslöser in Ihrem Leben aufzuspüren: Jede Frage, bei der Sie sechs Punkte bekommen haben, ist ein Indiz für eine mögliche Überforderung oder zu große Empfindlichkeit in dem jeweils angesprochenen Bereich. Jede Null-Punkte-Antwort indessen *kann* auf spannungsfördernde Verdrängungstendenzen und damit auf eine unterschwellige Unzufriedenheit, freilich aber auch auf eine beneidenswerte Gelassenheit sowie ein gesundes Selbstvertrauen hinweisen.

Motor mit erhöhter Drehzahl

Wir haben gesehen: Chronischer Streß bereitet nicht nur unserer Seele Unbehagen, sondern belastet auch unseren Organismus. Wo aber liegen die Berührungspunkte zwischen Seele und Körper? Welche physiologischen Vorgänge sind es, die uns letztlich körperlich krank machen?
Streßforscher fanden heraus, daß Gefühlsregungen unser Nervensystem ebenso aktivieren wie unseren Hormonhaushalt. Mehr als 30 verschiedene Wirkstoffe machen sich nun an die Arbeit, um unseren Körper auf eine Notfallreaktion – Flucht oder Kampf – vorzubereiten. Das sogenannte sympathische Nervensystem sorgt u. a. dafür, daß die Nebennieren Adrenalin und Noradrenalin ausschütten; Herz- und Atemfrequenz erhöhen sich, und die Leber setzt für eine optimale Energieversorgung Zuckerreserven frei. Diese Mobilisierung unseres Körpers ist völlig natürlich, ja sie hat unseren Vorfahren überhaupt erst das Überleben ermöglicht (vgl.: Kapitel 5). Nur: Nach erfolgreicher Rettungsaktion kehrte damals der Organismus alsbald in seine Ruhestellung zurück. Und heute? Einerseits fehlt uns oftmals die Möglichkeit, diese Erregungsenergie abzureagieren, andererseits werden die verstärkten Spannungen bei Dauerstreß immer wieder aufgebaut oder gar aufrechterhalten. Die fatale Folge ist ein erhöhter Kortisolspiegel

im Blut, der zu einer Schwächung unserer körpereigenen Abwehr führt, da dieses Hormon den Aufbau bestimmter weißer Blutzellen (die ja unsere »Abwehrtruppe« bilden) behindert, sowie das Lymphgewebe angreift. Die für das einwandfreie Arbeiten unseres Immunsystems äußerst wichtigen Organe wie Thymus, Milz und Lymphknoten verlieren an Substanz. Jetzt leuchtet es unmittelbar ein, daß ein gestreßter Mensch viel anfälliger für Infekte oder Funktionsstörungen wie Magengeschwür, Bluthochdruck und Herzinfarkt wird als ein ruhiger und ausgeglichener Zeitgenosse.
Fazit: Dauerstreß beeinträchtigt nicht nur unser seelisches Wohlbefinden, sondern auch unser körperliches Gleichgewicht in erheblichem Maße. Natürlich sind eine gesunde Ernährung, die Einstellung des Rauchens sowie ein sinnvolles Sport- und Bewegungsprogramm unserer Gesundheit dienlich. Doch letztlich tragen solche Bemühungen nur dann Früchte, wenn wir uns ebenso intensiv darum bemühen, unsere täglichen Spannungen abzubauen und mehr innere Ruhe und Gelassenheit zu finden.

Mein Streß – wohin damit?

Ruhiger werden, gelassener werden – das sagt sich so leicht. Eigentlich bemüht sich doch jeder darum, doch leider allzuoft ohne Erfolg. Was kann man also tun? Daß jede Form chemischer »Glücklichmacher« wie Alkohol, Medikamente oder andere Drogen den Streß nicht beseitigen, sondern nur betäuben und obendrein noch süchtig machen können, weiß mittlerweile jeder. Nur: Die meisten Betroffenen ignorieren diese Erkenntnis. Auch die Unterdrückung unangenehmer Gefühle mag äußerlich für Gelassenheit sorgen – doch im Innern brodelt es um so heftiger. So entdeckten amerikanische Krebsforscher, daß Menschen, die ihre Emotionen stets hinunterschlucken, wesentlich anfälliger für die Ausbildung eines Tumors sind als spontane Zeitgenossen. Wir müssen also das Übel bei der Wurzel packen. Eine *aktive* Streßbewältigung (sprich: Konfliktlösung) sowie regelmäßige Entspannungs- und Suggestionsübungen – diese Methoden haben sich als wirkungsvollste Waffen gegen Streß bewährt. Zur Lösung Ihrer Konflikte sollten Sie die folgende Strategie beherzigen:

1. Schritt: Ziehen Sie Bilanz. Nehmen Sie ein Blatt Papier zur Hand und notieren Sie – ohne Selbstbetrug! – jede Situation, die Ihnen Schwierigkeiten macht oder Sie unter Druck setzt. Das kann eine scheinbare Nebensächlichkeit sein, aber auch die längst fällige Gehaltserhöhung oder eine Aussprache mit Ihrem Partner. Wie auch immer – lauschen Sie nach innen, und ergänzen Sie für sich selbst den folgenden Satz solange, bis Ihnen dazu *wirklich* nichts mehr einfällt:
ICH WÄRE VIEL AUSGEGLICHENER UND ZUFRIEDENER, WENN ...
2. Schritt: Bewerten Sie Ihre persönlichen Streßfaktoren. Denn die meisten Probleme und Konflikte haben eine unterschiedliche Gewichtung. Manches Ärgernis ist relativ nebensächlich und blieb bislang vermutlich allein aufgrund mangelnder Initiative ungelöst. Andere kritische Punkte in Ihrem Leben sind von größerer Bedeutung und verursachen deshalb eine stärkere innere Spannung. Trotzdem waren Sie bis heute noch nicht in der Lage, eine durchgreifende Änderung herbeizuführen, vermutlich aus (unbewußter) Angst. Doch chronischer Streß läßt sich auf die Dauer nur dann abbauen, wenn Sie auch solche Schwierigkeiten in Angriff nehmen, die Sie lieber meiden möchten. Doch keine Sorge! Sie müssen nicht ins kalte Wasser springen. Stellen Sie zunächst in aller Ruhe eine Rangliste Ihrer persönlichen »Quälgeister« mit Hilfe des auf Seite 124 stehenden Spannungsthermometers auf.
Die Anwendung ist ganz einfach: Der Wert 0 bedeutet, daß Sie absolut keine innere Spannung spüren – was in der Regel nur in bestimmten Schlafphasen oder in Trance möglich ist. Der Wert 100 hingegen repräsentiert absolute Panik, höchste Alarmbereitschaft, ja Todesangst. Folglich werden Ihre Einschätzungen zwischen diesen beiden Polen liegen. Der Einkauf im Supermarkt, der Elternsprechtag, eine Ansprache bei einer Familienfeier – diese Ereignisse bewegen sich normalerweise irgendwo zwischen 20 und 50 – es sei denn, Sie erleben bereits bei diesen alltäglichen Verrichtungen innere Spannungen. Eigene Untersuchungen haben z. B. gezeigt, daß viele Kinder mit Schulproblemen ihren Streßwert für Klassenarbeiten bei 70, 80 oder gar 100 einordneten.
Empfinden Sie vielleicht ähnlich, wenn sie Ihrem Chef einen Rechenschaftsbericht abgeben müssen? Oder schon dann, wenn Ihr Partner Sie

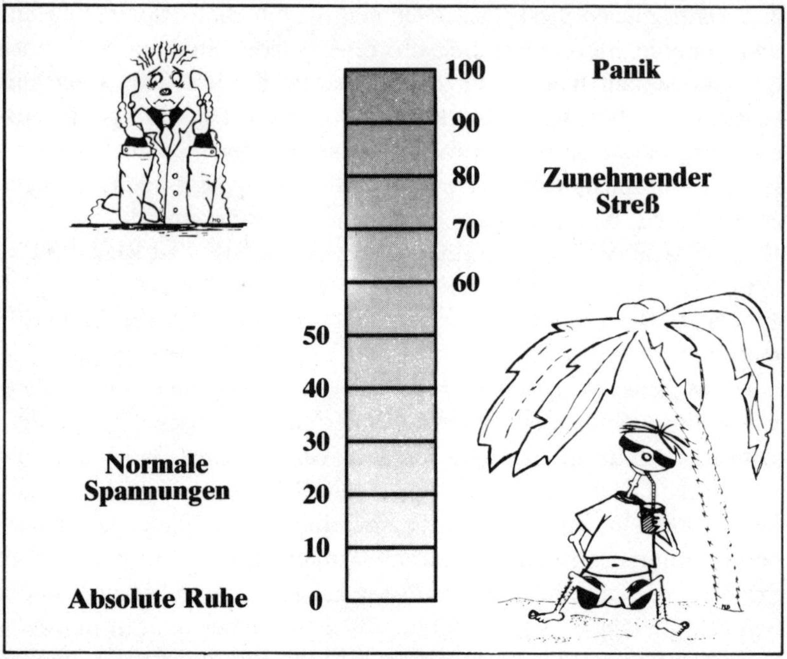

kritisiert? Wie auch immer – nehmen Sie Ihre Streßliste zur Hand, und lassen Sie jede einzelne Situation vor Ihrem inneren Auge ganz plastisch ablaufen. Erfühlen Sie Ihre »Vibrationen«, und machen Sie ein Kreuz an der entsprechenden Stelle des Spannungsthermometers.

3. Schritt: Beginnen Sie mit der einfachsten Übung, indem Sie sich den Störfaktor mit dem geringsten Spannungswert vornehmen. Planen Sie seine Beseitigung! Denken Sie daran, daß es für *jedes* Problem grundsätzlich *mehrere* Lösungen gibt. Überlegen Sie also genau, ob Sie bislang immer wieder einen falschen Weg gegangen sind. Denn manchmal kann Diplomatie besser sein als ein zu direktes Vorgehen. Umgekehrt gibt es aber auch Konflikte, die sich einzig und allein mit einem offenen, klaren, vielleicht auch harten Wort lösen lassen.

4. Schritt: Stellen Sie sich während Ihrer Imaginationsübung die jeweilige Situation so intensiv wie möglich vor, und spielen Sie die einzelnen Phasen Ihres Vorgehens in Gedanken durch. Eine solche wiederholte »innere Generalprobe« wird Ihre Erwartungsangst spürbar verringern. Nach diesem mentalen Training geben Sie sich einen inneren Ruck –

und verbannen den Streßfaktor endgültig aus Ihrem Leben. Grübeln Sie also nicht länger, sondern handeln Sie! In dieser Form verfahren Sie mit allen weiteren Konfliktsituationen. Sicher gibt es Sachzwänge, die sich kaum oder überhaupt nicht beseitigen lassen. Nur lassen sich solche zwangsläufigen Anforderungen des Lebens viel besser meistern, wenn Sie Ihre Kräfte nicht ständig in vermeidbaren Konflikten verzehren.
Falls Sie bei der Überprüfung Ihrer persönlichen Streßfaktoren feststellen, daß auch schon harmlose Situationen (wie telefonieren oder einkaufen) in den Bereich von 50–100 fallen, sollten Sie nicht allein auf Ihre eigene Initiative bauen, sondern sich an einen Psychotherapeuten wenden. Denn mit fachkundiger Hilfe lassen sich auch solche Ängste in einer überschaubaren Anzahl von Sitzungen lindern oder überwinden.
5. Schritt: Planen Sie großzügiger. Denn oftmals setzt man sich selbst unter Streß, weil man sich zuviel vornimmt, Unvorhergesehenes nicht einkalkuliert und die Freiräume für seine körperlich-seelische Regeneration zu knapp bemißt. Solche »Spielräume« lassen sich häufig mühelos einschieben, wenn man überflüssige Reibungsverluste vermeidet und sich stets darum bemüht, Prioritäten zu setzen und verschiedene Aufgaben zu delegieren.
6. Schritt: Wenden Sie regelmäßig Ihre Suggestionsübungen mit den folgenden Leitsätzen an. So wird es Ihnen immer besser gelingen, jene körperlich-seelische Immunität zu erreichen, mit der Sie einen großen Teil Ihrer alltäglichen Anforderungen gelassen und zuversichtlich meistern können.

…ame Worte gegen Streß

Ich kann lernen, in mein Leben mehr Gelassenheit und Gleichmut zu bringen.

Ich kann meine Zeit besser einteilen und mehr Freiräume schaffen.

Es fällt mir immer leichter, in meiner Freizeit den Alltag abzustreifen, mein Leben in aller Ruhe zu genießen.

Ich werde meine Wünsche und Bedürfnisse immer klarer wahrnehmen und in die Tat umsetzen.

Lebensfreude heißt: Sich weiterentwickeln, neue Möglichkeiten ausprobieren, alte Gewohnheiten verändern.

Wenn ich morgens wach werde, kann ich Tatkraft und Zuversicht spüren, Lebensmut und Optimismus.

Wirklich erstaunlich, wie viele Freiräume ich mir durch eine sinnvolle Planung meines Arbeitstages schaffen kann.

Je gelassener ich bei meiner Arbeit bin, desto besser geht sie mir von der Hand.

Mein Unbewußtes kennt zahlreiche Möglichkeiten, wie ich mehr Ruhe und Gelassenheit in mein Leben bringen kann.

Es macht Spaß, in meiner Freizeit abzuschalten.

Ich kann mich auf jeden neuen Tag freuen, der vor mir liegt.

Wenn ich abends ins Bett gehe, kann ich mühelos abschalten, einschlafen sowie tief und erholsam durchschlafen.

Mein Unbewußtes kennt viele Wege, wie ich meine Aufgaben gelassen bewältigen und den Alltag mühelos meistern kann.

Ich kann lernen, mir durch eine sinnvolle Planung meines Arbeitstages Freiräume zu schaffen.

Ich bin bereit, meine inneren Kräfte zu mobilisieren, meine unbewußten Möglichkeiten zu entfalten.

Es gelingt mir immer besser, in meiner Freizeit abzuschalten.

Ich vertraue meinen Fähigkeiten, und ich kann meine Arbeit gelassen und konzentriert bewältigen.

Ich kann immer besser abschalten.

Ich bin frei zu lernen, in Harmonie mit mir selbst und mit anderen zu leben.

Ich kann meinen Arbeitstag gelassen bewältigen, sobald ich meine inneren Kräfte und Fähigkeiten entdeckt und entfaltet habe.

Meine Gelassenheit und Unbeschwertheit übertragen sich auf meine Mitmenschen.

Ich nehme meine Arbeit mit Zuversicht und Optimismus in Angriff.

Ein tiefes Wohlbefinden und ein heiteres Lebensgefühl strömen durch meinen Körper und meine Seele.

Mir fällt es immer leichter, meine Aufgaben sinnvoll zu organisieren und mehr Freiräume zu schaffen.

Ich brauche mich nicht für alles verantwortlich zu fühlen.

Mir gelingt es immer besser, Unwichtiges von Wichtigem zu unterscheiden.

Ich kann auch während meiner Arbeit die Dinge mit Gelassenheit und Gleichmut geschehen lassen.

Ich freue mich darauf, meinem Körper und meiner Seele jeden Tag die wohlverdiente Ruhe, Entspannung und Erholung zu gönnen.

8 Ein gesundes Immunsystem durch seelisches Gleichgewicht

An naßkalten Herbst- und Wintertagen kann man es jedes Jahr aufs neue beobachten: Husten, Schnupfen oder andere Erkältungskrankheiten breiten sich ganz plötzlich aus. Doch obwohl die Krankheitserreger fast jeden befallen, gibt es zahlreiche Glückliche, die inmitten hustender und niesender Menschen keinerlei Erkältungssymptome entwikkeln. Ihr körpereigenes Immunsystem ist offenbar stark genug, um Viren oder Bakterien unschädlich zu machen, bevor die Krankheit ausbricht. Naheliegende und wichtige Frage: Wie lassen sich diese Abwehrkräfte stärken, damit man generell gegen Infekte und andere Krankheiten widerstandsfähig genug wird, um seinen wohl wertvollsten Besitz – die Gesundheit – zu schützen und zu bewahren? Daß eine gesunde Ernährung (insbesondere die ausreichende Versorgung mit bestimmten Vitaminen und Mineralien) für ein gut funktionierendes Immunsystem unerläßlich ist, gilt mittlerweile als erwiesen. Der unmittelbare Einfluß *seelischer* Faktoren auf unsere *körperliche* Widerstandskraft indessen rückte erst in den letzten Jahren mehr und mehr in den Blickpunkt des Interesses und wird in einem neuen Bereich der Wissenschaft, der sogenannten *Psychoneuroimmunologie,* systematisch untersucht. Die Ergebnisse dieses Forschungszweiges sind ebenso interessant wie ermutigend. Obwohl freilich eine Reihe von Fragen bislang noch ungeklärt ist – schließlich handelt es sich bei unserem Immunsystem um ein äußerst kompliziertes biochemisches Wunderwerk –, mehren sich die Beweise, daß man mit Hilfe hypnotischer Trancezustände und bestimmter Suggestionen die körperlichen Abwehrkräfte aktivieren oder – im Falle von Überreaktionen – dämpfen kann. Eigene Beobachtungen in der psychologischen Praxis haben ebenfalls gezeigt, daß Vorstellungsbilder oder bestimmte Suggestionen tatsächlich in der Lage sind, beginnende Infekte zu beseitigen, bereits vorhandene Symptome zu lindern oder die Genesung zu beschleunigen.

Bevor Sie sich jetzt aber näher mit der faszinierenden Möglichkeit befassen, seelische Kraftreserven für die Sicherung Ihrer Gesundheit einzusetzen, sollten Sie das Zusammenwirken der körpereigenen »Verteidigungskräfte« etwas näher kennenlernen. Denn ein solches Wissen, d. h. eine möglichst plastische Vorstellung von der schier unermeßlichen Arbeitsleistung unseres Immunsystems, hat sich für die Anwendung von Selbstsuggestionen als hilfreich erwiesen, weil man auf diese Weise bestimmte sprachliche Botschaften wesentlich besser nachvollziehen und »visualisieren« kann.

Unser Immunsystem: ein riesiges Heer wachsamer Kämpfer

Der Zweck unserer inneren »Kampftruppen« läßt sich ganz einfach beschreiben: Erkennen, Verfolgen und Zerstören all jener biologischen Schädlinge, die den Körper schwächen oder gar töten könnten. Die Bewältigung dieser Aufgaben ist jedoch ein äußerst schwieriges Unterfangen, wenn man bedenkt, wie viele unterschiedliche Krankheitserreger tagtäglich unsere Gesundheit gefährden – und in welch raffinierter Weise manche Mikroorganismen (wie z. B. AIDS-Viren) durch geschicktes »Versteckspiel« in bestimmten Körperzellen oder auch ständige »Verkleidungen« ihre Identifizierung erschweren oder sogar unmöglich machen. Normalerweise sind unsere biologischen »Soldaten« aber auf der Hut: Milliarden von weißen Blutzellen (Leukozyten), die im Blut schwimmen und sich im Gewebe oder in bestimmten Depots aufhalten, und eine Vielzahl weiterer Substanzen stehen in ständiger Alarmbereitschaft, um sowohl Eindringlinge von außen als auch körpereigene, aber entartete Zellen (die sich ohne gesunde Abwehr zu Tumoren entwickeln können) zu bekämpfen.
Sobald nun beispielsweise Schnupfenviren oder andere Erkältungserreger in unseren Blutstrom gelangen, wo sie sich alsbald rasch vermehren, treten ihnen sogleich zahlreiche hochspezialisierte »Kämpfer« entgegen, vor allem die Lymphozyten – eine bestimmte Art weißer Blutzellen, die eine entscheidende Rolle in der nun folgenden »Abwehrschlacht« spielen. Ein Teil von ihnen wird in einem kleinen Organ am Halsansatz, dem Thymus, durch den Einfluß bestimmter Hormone zu aggressiven Kampfzellen (T-Zellen) verwandelt, die sich nun ganz gezielt auf ihre Gegner stürzen. Eine andere wichtige »Unterabteilung«

der Lymphozyten, die sogenannten B-Zellen, bemüht sich überdies um die Produktion von hochspezialisierten Antikörpern, welche die eingedrungenen Feinde zu Tausenden umringen, um sie am Entkommen zu hindern und um einer weiteren Gruppe von Abwehrzellen, den »Freßzellen« (Makrophagen), den richtigen Weg zu weisen. Gegen Ende des Kampfes vertilgt diese »Reinigungstruppe« alles, was mit Antikörpern bedeckt ist. Die äußeren Anzeichen dieses »mikrobiologischen Krieges« – wie Entzündungen, Schwellungen der Lymphknoten oder Fieber – klingen allmählich wieder ab. Die Schlacht ist gewonnen!

Schon diese stark vereinfachte Darstellung läßt ahnen, mit welch ebenso kompliziertem wie genialem Verteidigungsapparat unser Körper ausgerüstet ist. Und es leuchtet auch unmittelbar ein, daß ein derart kunstvoll verflochtener Mechanismus einer sorgfältigen Pflege bedarf, damit er nicht aus dem Gleichgewicht gerät. Dabei schadet zuviel Immunaktivität dem Körper ebenso wie zuwenig. Im ersten Fall können Allergien oder andere Überreaktionen entstehen, ja, die Abwehrzellen greifen manchmal sogar gesunde Teile unseres Körpers an, was dann chronische Leiden (z. B. bestimmte Magen- oder Darmerkrankungen) zur Folge hat. Im Falle mangelnder Immunabwehr sind allen möglichen Krankheiten Tür und Tor geöffnet – wie gewiß jeder schon einmal am eigenen Leibe erfahren mußte.

Biologische Voraussetzungen

Das körpereigene Immunsystem kann natürlich nur dann unsere Gesundheit erfolgreich schützen, wenn ihm die notwendigen Nährstoffe in ausreichendem Maße zugeführt werden. Jeder weiß, daß beispielsweise das oft zitierte Vitamin C für die Vorbeugung von Erkältungskrankheiten oder anderen Infekten unerläßlich ist. Warum? Nach unserem kleinen Exkurs in die Mikrowelt der Abwehrkräfte verstehen wir es nun genauer. Dieser Wirkstoff begünstigt die Arbeit der »Freßzellen« sowie die Produktion der T-Zellen in entscheidender Weise. Aber auch das Vitamin A hat einen wichtigen Anteil daran, daß genügend T-Zellen zur Verfügung stehen. Für die Produktion der Antikörper haben sich B-Vitamine (insbesondere B 6 und B 12) als unentbehrlich erwiesen.

Zudem ist eine ausgewogene Versorgung mit einer Reihe von Mineralien für die reibungslose Abwicklung immunbiologischer Vorgänge unbedingt erforderlich: Beispielsweise ist das Mineral Zink ein wichtiger Baustein unseres gesamten Lymphsystems, also jenes Netzwerks von Leitungen und Depots, in dem die Lymphozyten aufbewahrt und transportiert werden. Außerdem steigert Zink die Vitalität des Thymus (wo die T-Zellen aktiviert werden) sowie die Wirksamkeit der Makrophagen. Ein anderes Beispiel: Das Mineral Selen unterstützt die Vitamine beim Aufbau der Antikörper, während wiederum ein Zuviel an Blei oder Kadmium die Kampfbereitschaft der T-Zellen lähmt.
Diese wenigen Beispiele (bislang sind mehr als fünfzig Immunnährstoffe bekannt) verdeutlichen nicht nur die Komplexität unserer körpereigenen Abwehrkräfte, sondern zeigen auch, daß eine ausgewogene Ernährung für die Entwicklung eines stabilen Immunsystems eine notwendige Voraussetzung ist. Denn was nützt aller Optimismus und die feste Überzeugung, gesund zu bleiben, wenn unser inneres »Millionenheer« mangels unverzichtbarer biologischer Nährstoffe einfach »verhungert«?

Seelische Einflüsse

Gewiß haben Sie schon folgende Erfahrung gemacht. Wenn Sie guter Dinge sind und sich zufrieden und ausgeglichen fühlen, besitzen Sie starke Widerstandskräfte gegen Krankheiten. Falls Sie dann z. B. an naßkalten Tagen von hustenden und niesenden Menschen umgeben sind, bleiben Sie dennoch gesund und munter. Kaum zerrt aber der Alltagsstreß an Ihrem Nervenkostüm – sei es in Form von Ärger, Hektik oder Sorgen –, verspüren Sie alsbald ein unangenehmes Kratzen im Hals, Hustenreiz stellt sich ein, Ihre Nase beginnt zu laufen. Offenbar ist Ihr Immunsystem plötzlich nicht mehr stark genug, um den Ausbruch der Erkältung zu verhindern. Ein solcher Zusammenhang läßt sich aber nicht nur bei Infektionen beobachten. Mittlerweile ist es eine erwiesene Tatsache, daß seelische Spannungen unsere Gesundheit in vielfältiger Weise beeinträchtigen können – wobei aber bislang niemand so recht sagen konnte, *auf welche Weise* die gestreßte Seele den Körper aus dem Gleichgewicht bringt. Doch die Resultate zahlreicher Untersuchungen, die im Bereich der *Psychoneuroimmunologie* durchgeführt wurden, verdichten allmählich die Vermutung, daß die sogenannten psychosomatischen Krankheiten teilweise *auch* durch seelische Einflüsse auf unser Immunsystem erklärbar sind. Diese Erkenntnis unterstützt die in zunehmendem Maße vertretene Auffassung von der *Ganzheitlichkeit* des Menschen. Wir sind nämlich nicht nur Körper und Seele, die hier und da gewisse Berührungspunkte haben, sondern beide Bereiche sind durch zahlreiche Wechselwirkungen in vielfältiger Weise untrennbar miteinander verwoben.

Immunabwehr, innere Vorstellungsbilder und Suggestionen

Die mögliche Beeinflussung unseres Immunsystems durch seelische Faktoren ist für unsere Gesundheit von großer Bedeutung. Denn so können wir durch die Entfaltung einer positiven Grundhaltung, also durch *gezielte Suggestionen,* Krankheiten vorbeugen oder die Genesung beschleunigen. In der Tat haben Experimente gezeigt, daß unsere Abwehrkräfte durch Suggestionen mobilisiert, aber auch gedämpft werden können.

Besonders interessant ist eine Studie des amerikanischen Krebsforschers *C. Simonton*. Er ging von der Vermutung aus, daß für die Entstehung von Tumoren nicht zuletzt ein defektes Immunsystem verantwortlich sei. Wie bereits erwähnt, zerstören unsere inneren »Soldaten« ja nicht nur Eindringlinge von außen (wie Bakterien oder Viren), sondern auch körpereigene, aber entartete Zellen. Sobald dieser Abwehrprozeß nicht mehr richtig funktioniert, sind die Krebszellen schließlich in der Lage, einen Tumor zu bilden. *Simonton* entwickelte zusammen mit seiner Frau, einer Psychotherapeutin, eine spezielle Entspannungs- und Visualisierungsmethode, die er ergänzend zu einer konventionellen medizinischen Behandlung einsetzte. Zunächst wurde der Patient in einen Entspannungszustand versetzt und anschließend dazu angeregt, sich folgende Szene möglichst bildhaft vor Augen zu führen: Weiße Blutzellen, die so stark und mächtig wie Haie sind, greifen die kraftlosen, angeschlagenen Krebszellen an und zerstören sie vollständig. Außerdem wurden die Patienten ermutigt, sich auch andere Kampfszenen so intensiv wie möglich vorzustellen. Einige von ihnen sahen in ihrer Phantasie Ritter auf weißen Pferden, andere malten sich Angriffe von Panzern oder Kampfflugzeugen aus. Die Ergebnisse der Studie sind erstaunlich: Von den 159 Patienten, die ausnahmslos an unheilbarem Krebs litten, zeigten nach zwei Jahren etwa 25 % zum Teil frappierende Besserungen. Entgegen der Prognose hatten 14 von ihnen keine Anzeichen mehr von Krebs, bei 12 Patienten schrumpften die Tumore merklich, und in 17 Fällen konnte der Gesundheitszustand stabilisiert werden. Die Forscher nahmen an, daß die Kombination von Entspannung und bildhafter Vorstellung das Immunsystem der erfolgreich behandelten Patienten aktiviert hatte. Eine plausible Erklärung, die in der Untersuchung aber nicht medizinisch überprüft wurde.

Um diesen biologischen Zusammenhang genauer zu erforschen, ergänzte der amerikanische Wissenschaftler *H. Hall* das von *C. Simonton* angewandte Verfahren durch Blutuntersuchungen vor und nach der Entspannungs- und Visualisierungsbehandlung. Wiederum wurde den Probanden suggeriert, daß ihre weißen Blutzellen starke Haie seien, die sich diesmal allerdings auf Erkältungserreger stürzen sollten. Vor allem bei hochsuggestiblen Versuchsteilnehmern zeigte sich nach der Sitzung tatsächlich ein deutlicher Anstieg der Lymphozytenzahl, also eine Aktivierung des Immunsystems. Daraus ergibt sich eine naheliegende Frage: Waren die in diesen Studien verwendeten aggressiven Vorstellungsbilder für die offensichtliche Stärkung der Abwehrkäfte verantwortlich? Oder hat allein schon der Entspannungszustand diese Wirkung ausgelöst?

Ein aufschlußreiches Experiment, das von dem Psychologen *W. Bongartz*[11] an der Universität Konstanz durchgeführt wurde, bringt uns in dieser Frage einen Schritt weiter. In dieser Studie wurden 19 Versuchsteilnehmer in hypnotische Trance versetzt. Dann suggerierte man ihnen über Kopfhörer entspannende Szenen, u. a. einen Strandspaziergang. Vor und nach dieser Behandlung wurde ihnen eine Blutprobe entnommen und auf ihren Gehalt an weißen Zellen untersucht. Im Gegensatz zu den Untersuchungen von *Hall* war jedoch kein Anstieg, sondern ein deutliches Absinken der Immunzellenzahl zu beobachten – wiederum vor allem bei den besonders suggestiblen Probanden. Dieses Ergebnis ist ein wichtiges Indiz dafür, daß offenbar die Art der Vorstellungsbilder, also der *Inhalt der Suggestionen* einen entscheidenden Einfluß auf die Aktivierung bzw. Dämpfung des Immunsystems ausübt. Der Autor weist aber ausdrücklich daraufhin, daß die in hypnotischer Entspannung vermittelten Suggestionen keinen Einfluß auf die *Gesamtmenge* der weißen Blutzellen hatten, sondern lediglich auf die Anzahl der *im Blutstrom schwimmenden* Leukozyten. Die Erklärung dafür ist plausibel, denn anregende bis aggressive Vorstellungsbilder und Suggestionen bringen den Versuchsteilnehmer sozusagen innerlich in Bewegung, sein Adrenalinspiegel [12] steigt. Entspannende und beruhigende Suggestionen hingegen verringern die Adrenalinkonzentration im Blut. Gleichzeitig verändern sich auch bestimmte Eigenschaften der weißen Blutzellen: Je entspannter und ruhiger der Mensch ist, desto mehr Leukozyten »kleben« an den Wänden seiner Blutgefäße. Je erregter er ist, desto mehr Immunzellen zirkulieren in seinem Gefäßsystem. Offenbar ist Adrenalin an einer Aktivierung des Menschen im Großen wie im Kleinen beteiligt. Dieses Hormon bewirkt nicht nur eine allgemeine Mobilmachung jener Körperfunktionen, die für eine erfolgreiche Rettungsaktion (wie Kampf oder Flucht) unerläßlich sind, sondern es setzt auch die mikroskopisch kleinen inneren »Abwehrtruppen« des Menschen in erhöhte Alarmbereitschaft.

Die Aktivierung unseres Organismus führt aber keineswegs immer zu einer Stärkung der Abwehrkräfte. Im Gegenteil. Es gibt eine weit verbreitete Form körperlich-seelischer Erregung, die wohl eine der häufigsten Krankheitsursachen darstellt: Streß! Ärger, Sorgen oder Hektik sind nicht nur Mitverursacher zahlloser organischer Funktionsstörungen (wie z. B. Kreislauferkrankungen, Herzinfarkt, Magengeschwür), sondern diese unangenehmen Seelenregungen beeinträchtigen auch unser Immunsystem. Wer seine Abwehrkräfte steigern möchte, sollte sich deshalb auf jeden Fall darum bemühen, die Streßfaktoren in seinem Leben genauer wahrzunehmen und – so gut es geht – zu verringern. Sicher: Es gibt eine Reihe von Sachzwängen, die sich kaum ändern lassen. Doch ein großer Teil alltäglicher Streßerlebnisse hängt vor allem damit zusammen, daß man sich selbst überfordert oder auf Umwelteinflüsse »ungesund« reagiert. Im vorangehenden Kapitel haben wir schon ausführlich dargestellt, wie Sie psychologische Streßfaktoren aufdecken sowie Möglichkeiten einer besseren Bewältigung der verschiedenen Anforderungen des Lebens herausfinden können.

Wirksame Worte zur Stärkung des Immunsystems

Die Untersuchungen von *Simonton* und *Hall* lassen vermuten, daß die Imagination einer immunbiologischen Schlacht tatsächlich unsere Abwehrkräfte steigern kann – auch wenn bislang ein streng wissenschaftlicher Nachweis fehlt. Deshalb sollten Sie sich während Ihrer Vorstellungsübung (vor und nach der Lektüre des Suggestionsprogramms) auf kampfbetonte innere Bilder konzentrieren: weiße Haie, die sich auf Angreifer stürzen, weiße Ritter, die ihre Feinde in die Flucht schlagen, oder andere symbolische Szenen, in denen Ihr weißes »Verteidigungsheer« siegreich bleibt.
Auch die folgenden Suggestionen enthalten einige Kampfelemente sowie Anregungen zur unmittelbaren »Einbildung« mikrobiologischer Vorgänge (»Die Kräfte der Natur durchströmen jede Zelle meines Körpers«), allerdings überwiegen jene positiven Leitsätze, die eine körperlich-seelische Harmonisierung anstreben. So eignen sich diese Suggestionsmuster auch – als generelle Prophylaxe – zur Stabilisierung Ihrer gesamten Persönlichkeit, und das heißt, zur Immunisierung gegen Krankheitserreger ebenso wie gegen die vielfältigen alltäglichen Streßfaktoren.

Sobald ich mich ruhig und entspannt fühle, werden meine Abwehrkräfte gestärkt.

Wirklich faszinierend, daß mein Immunsystem jeden Angreifer abwehren kann.

Je gelassener ich bin, desto stabiler ist meine Gesundheit.

Die Energie der Natur durchströmt jede Zelle meines Körpers.

Je wohler ich mich fühle, desto stärker sind meine Abwehrkräfte.

Die Kraft meiner Gedanken festigt mein körperlich-seelisches Gleichgewicht.

Meine Abwehrkräfte sind viel stärker, als ich bislang geglaubt habe.

Jede Zelle meines Körpers kann sich an meinen natürlichen Kraftquellen stärken.

Erstaunlich, wie intensiv meine Abwehrkräfte wirken.

Wirklich angenehm, wie sich Ruhe und Harmonie unmittelbar auf meinen Körper auswirken.

Die Kräfte der Natur durchströmen jede einzelne Zelle meines Körpers.

Ein beruhigendes Gefühl, daß Worte meine Abwehrkräfte steigern können.

Meine positiven Gedanken und Gefühle verstärken meine inneren Kraftquellen.

Meine geistigen Impulse geben meinem Körper Kraft und Stärke.

Meine unbewußten Kräfte verleihen meinen Abwehrkräften ungeahnte Möglichkeiten.

Ich bin frei, meine Gedanken und Gefühle offen auszusprechen.

Je entspannter ich bin, desto besser arbeitet mein Immunsystem.

Je besser ich im Einklang mit mir selbst stehe, desto stabiler ist meine Gesundheit.

Erstaunlich, wie intensiv mein Unbewußtes jedes einzelne Wort aufnimmt.

Die Kraft meiner Gedanken bestimmen mein körperlich-seelisches Gleichgewicht.

Meine geistige Energie steigert mein körperliches Wohlbefinden.

Ich kann immer besser lernen, in Einklang mit mir und anderen zu leben.

Meine positiven inneren Impulse geben meinem Immunsystem Kraft und Stärke.

Ich bin ganz zuversichtlich, daß ich mein inneres Gleichgewicht finde und bewahren kann.

Meine innere Ruhe und Harmonie stabilisiert meine Gesundheit.

Mein Organismus spürt die Kräfte der Natur in sich – mein Körper kann sich gegen jeden Eindringling wehren.

Die Kraft meines Geistes macht mich stark und gesund.

Ich kann mir ganz plastisch vorstellen, wie mein Immunsystem arbeitet.

Mein Körper lebt in Harmonie mit meiner Seele.

Natürliche Energie gibt jeder Zelle meines Körpers neue Kraft – je wohler ich mich fühle, desto stärker sind meine Abwehrkräfte.

Es gibt viele Wege, wie ich innere Ruhe und Gelassenheit finde.

Frischer Lebensmut und neue Lebensfreude erfüllen mich mehr und mehr, während mein Unbewußtes all meine inneren Kräfte entfaltet.

Ich bin frei, in mir eine wunderbare, natürliche Harmonie zu erleben.

Die Harmonie der Natur begleitet mich mit jedem Atemzug.

Ich kann meinen Mitmenschen mit Offenheit und Freundlichkeit begegnen – meine Gelassenheit verstärkt meine innere Harmonie.

Meine innere Harmonie stärkt mein Immunsystem – all meine Körperfunktionen schwingen im Rhythmus der Natur.

Erstaunlich, wie intensiv mein Unbewußtes jedes einzelne Wort aufnehmen kann.

Ich bin frei, mich stark und gesund zu fühlen.

Erstaunlich, wie viele positive Gefühle und Gedanken in mir allein durch Worte angeregt werden.

Ich kann jetzt in mir den gleichmäßigen Strom natürlicher Energie spüren.

9 Allergien lindern

Alle Welt spricht von einer Zunahme allergischer Erkrankungen, die in jüngerer Zeit gern als Volkskrankheit Nummer eins bezeichnet werden. Exakte Daten über die Verbreitung der Allergien fehlen bislang. Aber nach Schätzungen leiden mittlerweile etwa 15 % der Bundesbürger an allergischen Symptomen wie tränenden Augen, triefender Nase, Atemnot oder juckenden Hautekzemen. Wahrscheinliche Gründe für die immense Zunahme dieser lästigen, quälenden, mitunter auch bedrohlichen Beschwerden sind die zunehmende Umweltverschmutzung und eine wachsende Durchdringung unseres gesamten Lebens von allen möglichen chemischen Substanzen. Unser Organismus wird offenbar immer empfindlicher gegen einen derart massiven »Beschuß«. So sind es längst nicht mehr allein die »klassischen« Auslöser wie Blütenpollen, Schimmelpilze oder Erdbeeren, die vielen Menschen Verdruß bereiten. Die Liste kritischer Stoffe, die allergische Reaktionen hervorrufen können, wird immer umfangreicher. Bittere Folge für die Betroffenen ist die Einschränkung der Lebensqualität bis hin zur Aufgabe beruflicher Tätigkeiten. Da es oftmals nicht möglich ist, diesen gemeinen Substanzen aus dem Weg zu gehen (vor allem, wenn sie sich als Partikel in der Atemluft befinden), wird der Ruf nach geeigneten therapeutischen Mitteln oder Maßnahmen immer lauter.
Obwohl es eine Reihe von medizinischen Behandlungsmöglichkeiten gibt, die vielfach für Linderung oder auch (zeitweilige) Symptomfreiheit sorgen, kann eine *psychologische* Einflußnahme die ärztlichen Bemühungen wesentlich unterstützen. Denn das Ausmaß einer allergischen Reaktion wird oftmals durch seelische Spannungen verstärkt. Und: Psychische Begleiterscheinungen (z. B. Angst beim Asthma-Anfall) führen nicht selten zu einer Rückkopplung, durch die das Symptom verschlimmert wird. So hat sich in der psychologischen Forschung und Praxis immer wieder gezeigt, daß Entspannungsverfahren (wie das Autogene Training), aber auch gezielte Suggestionen die Krankheit erträglicher machen können.
Es soll aber ausdrücklich darauf hingewiesen werden, daß Allergien

primär eine *körperliche* Krankheit darstellen, die durch bestimmte biochemische Prozesse hervorgerufen wird. Suchen Sie also bei allergischen Beschwerden auf jeden Fall einen in diesem Fachbereich *kompetenten* Arzt auf. Denn je eher eine klare Diagnose gestellt und eine sachgerechte Behandlung durchgeführt wird, desto weniger besteht die Gefahr einer Verstärkung der Symptomatik oder ihre Chronifizierung und desto günstiger ist die Prognose für den Krankheitsverlauf. Selbstsuggestionen sollten also keineswegs als Therapie-Ersatz mißverstanden werden. Sie stellen nicht mehr, aber auch nicht weniger dar, als ein wirksames *therapiebegleitendes und -unterstützendes* Selbsthilfeverfahren.

Fehlalarm im Immunsystem

Eine kurze Darstellung der biologischen Grundlagen allergischer Reaktionen soll Ihnen dabei helfen, die Zusammenhänge eigener Beschwerden besser zu verstehen und möglicherweise auch bislang fehlgedeutete Symptome (die z. B. Ausdruck einer versteckten Nahrungsmittelallergie sein könnten) genauer einzuordnen. Darüber hinaus finden Sie in diesem Abschnitt eine Reihe von Fakten und Argumenten, mit denen Sie der leider nicht immer verständnisvollen Mitwelt klarmachen können, daß eine Allergie keineswegs »Einbildung«, sondern eine somatisch begründbare Tatsache ist.
Zur Ausbildung einer allergischen Wirkung muß uns zunächst ein Reizstoff (Allergen) im wahrsten Sinne des Wortes unter die Haut gehen, also in den Organismus eindringen. Nichts leichter als das! Schließlich bietet unsere Haut als größtes Organ diesem Eindringling eine riesige Angriffsfläche: zwei Quadratmeter mißt unser äußeres »Fell«, 70 (!) Quadratmeter die Schleimhäute – Lungenbläschen und Magen-Darm-Wände inbegriffen. Die Allergene gelangen also im wesentlichen durch bloße Berührung, Einatmen oder Nahrungsaufnahme in den Körper. Allerdings: Zum Quälgeist werden sie nur dann, wenn durch wiederholten Kontakt mit ihnen eine erhöhte Empfindlichkeit, eine Sensibilisierung erfolgte. Falls diese Voraussetzungen erfüllt sind, löst unser Immunsystem Alarm aus, weil es den eigentlich harmlosen »Besucher« aus bislang unerfindlichen Gründen mit einem

Krankheitserreger (Antigen) – also z. B. mit einem Virus oder einer Bakterie – verwechselt. Wie im vorangehenden Kapitel dargestellt, werden prompt entsprechende »Soldaten« mobilisiert, um den vermeintlichen Feind unschädlich zu machen. Zu dieser »Verteidigungstruppe« gehören neben den bereits erwähnten weißen Blutzellen (Leukozyten) auch bestimmte Antikörper, die Immunglobuline (abgekürzt Ig). Für einen großen Teil allergischer Reaktionen ist das IgE entscheidend. »Kämpfer» aus dieser Unterabteilung der Antikörper können sich an die Membranoberfläche von sogenannten Mastzellen binden, die besonders in den Schleimhäuten und unter der Haut zu finden sind. Jetzt passiert das Entscheidende: Wenn die eingedrungenen Antigene (z. B. Blütenpollen) an die membranständigen IgE-Antikörper gelangen, kommt es an der Mastzelloberfläche zu einer Reaktion, die zur Freisetzung hochwirksamer Stoffe – in erster Linie Histamin – führt. Dieses Gewebshormon sorgt nun dafür, daß die Schleimhäute anschwellen, die Bronchien enger werden oder auf der Haut juckende Quaddeln entstehen.

Der über das IgE vermittelte Vorgang wird als *Sofortreaktion* bezeichnet, weil sich schon nach wenigen Minuten die Beschwerden einstellen. Man spricht hier auch von atopischen Allergien. *Verzögerte Reaktionen* treten vor allem bei der Kontaktallergie auf. Sie machen sich erst etwa 24 bis 48 Stunden nach der Berührung des Reizstoffes (z. B. Modeschmuck, Lösungsmittel) durch stark juckende Rötungen der Haut, Bläschenbildung oder Ekzeme bemerkbar. Hierbei spielt offenbar das IgE keine Rolle, sondern u. a. chemische Reaktionen zwischen den Antigenen und einer bestimmten Fraktion der weißen Blutkörperchen, den T-Zellen.

Krankheit mit tausend Gesichtern

Nicht nur wegen ihrer außergewöhnlichen Verbreitung nimmt die Allergie eine Sonderstellung ein. Es gibt wohl kein anderes Leiden, das von einer derartigen Fülle verschiedener Reizstoffe hervorgerufen werden und so viele unterschiedliche Symptome entwickeln kann. Etwa die Hälfte der Allergien wird durch Umweltallergene aus der Luft ausgelöst. Schimmelpilze und Blütenpollen sind die häufigsten Übeltäter, gefolgt von vielfältigen Hausstaubpartikeln sowie Tierhaaren oder Federn. Die Beschwerden liegen vornehmlich im Bereich der Atemwege: Niesreiz, Schnupfen, Husten, Atemnot bis hin zum schweren Asthma-Anfall. Aber auch Migräne, Schwellungen im Gesicht, tränende und juckende Augen trüben die Lebensfreude vieler Betroffener.

In zunehmendem Maße werden allergische Reaktionen durch Nahrungsmittel oder deren Zusätze hervorgerufen – vor allem von Milch, Hühnereiweiß, Fisch, Obst, Schalentieren oder Konservierungsstoffen. Auch Weizen, Mais, Gemüse, Rindfleisch, Nüsse oder Schokolade können zum Allergen werden. Manchmal treten die Beschwerden sofort auf (z. B. beim Verzehr von Hühnereiweiß oder Fisch), in anderen Fällen mit Verzögerung – wahrscheinlich dann, wenn erst ein Abbauprodukt eines Nahrungsmittels eine Allergie provoziert. Typische Leiden: Hautausschlag, Nesselsucht, Schwellungen der Mundschleimhäute, Magen-Darm-Koliken, Durchfall, aber auch Schnupfen, Asthma oder Migräne, seltener Schwindelanfälle bis hin zu Seh- oder Hörstörungen. Das Tückische vieler Nahrungsmittel-Allergien liegt in ihrer verzögert auftretenden Symptomatik, wodurch der Zusammenhang zwischen Beschwerden und auslösenden Lebensmitteln oftmals unentdeckt bleibt. Die Gefahr von Fehldiagnosen und mitunter fatalen Irrtümern liegt auf der Hand. Schon mancher Nahrungsmittel-Allergiker, bei dem (scheinbar) kein organischer Befund vorlag, mußte sich mit dem wenig tröstlichen und obendrein falschen Urteil abfinden, daß »alles nur Einbildung« oder »seelisch bedingt« sei.

Etwa 10% der Allergien entstehen durch Kontakte mit verschiedenen Materialien wie Metallen, Textilien, Kunststoffen oder chemischen Substanzen. Wie schon beschrieben, kommt es hier erst mit einer Verzögerung von ein bis zwei Tagen zu akuten oder auch chronischen entzündlichen Kontaktreaktionen der Haut.

Weitere mögliche Allergene: Arzneimittel (insbesondere, wenn sie injiziert werden) und Insektengifte, die durch Biß oder Stich in den Körper gelangen. Neben juckenden Hautreaktionen treten bei Medikamenten- oder Insektenallergien – vor allem bei stärkerer Sensibilisierung des Organismus – zuweilen massive Allgemeinreaktionen auf. Eine Serumunverträglichkeit beispielsweise kann zum sogenannten anaphylaktischen Schock führen.

Auch wiederholte Stiche von Bienen, Wespen oder Hornissen werden manchmal lebensbedrohlich. Erstickungsgefahr durch Schwellungen im Kehlkopfbereich, möglicher Herzstillstand durch Kreislaufkollaps – das sind wohl die betrüblichsten Erscheinungen in der mannigfaltigen Palette allergischer Reaktionen.

Weniger dramatisch, aber unangenehm bis quälend können sich physikalisch bedingte Allergien auswirken. Durch (Sonnen-)Licht, Hitze, Kälte, mechanische Reizung oder körperliche Belastung entstehen vor allem juckende oder brennende Hautreaktionen – wahrscheinlich ebenfalls von Histaminen und anderen Überträgersubstanzen verursacht. Auf welche Weise das geschieht, ließ sich bislang aber noch nicht klären.

Weitaus dringlicher für die Betroffenen ist jedoch eine ganz andere Frage, die bei einem derartigen Facettenreichtum allergischer Erscheinungsformen geradezu auf den Nägeln brennt: Welche Behandlungsmöglichkeiten gibt es gegen diese Zivilisationsplage? Und: Kann man allergische Symptome endgültig beseitigen?

Den Tätern auf der Spur

Bevor man etwas gegen Allergien unternehmen kann, müssen zunächst einmal die Symptome richtig erkannt und die auslösenden Reizstoffe ausfindig gemacht werden. Sicher läßt sich bei einer Pollenallergie beispielsweise der unmittelbare Zusammenhang zwischen Ursache und Beschwerde leicht feststellen. Doch bei der Vielfalt allergisierender Substanzen gehört oftmals geradezu detektivischer Spürsinn dazu, eine klare Diagnose zu stellen – vor allem, wenn die Übeltäter als unsichtbare Partikel in der Atemluft verborgen sind oder als scheinbar harmlose alltägliche Lebensmittel keinen Argwohn erregen. Insbesondere im Bereich der Nahrungsmittel-Allergien gibt es wahrscheinlich zahlreiche Betroffene, die aufgrund einer Fehldeutung ihrer Symptome entweder falsch oder gar nicht behandelt werden und weiterhin völlig ahnungslos die krankmachenden Speisen zu sich nehmen. Um so ratsamer ist es, auch schon beim Verdacht einer allergischen Erkrankung einen kompetenten Facharzt aufzusuchen, dem eine Reihe von Diagnosehilfen zur Verfügung stehen. Er kann das betroffene Organ

untersuchen, Laboranalysen oder auch bestimmte Hauttests durchführen. Die gängigsten Testmethoden sind der Scratch- oder Prick-Test, der Intrakutantest und der Läppchen- oder Patch-Test. Das Prinzip dieser Verfahren ist immer gleich: Der Arzt bringt die (vermuteten) Allergene auf oder in die Haut und bewertet anschließend mögliche Reaktionen wie Rötungen, Quaddelbildung oder andere plötzlich auftretende Beschwerden. Auch die Schleimhäute von Augen und Nase können zur Überprüfung ihrer Anfälligkeit dem jeweiligen Reizstoff ausgesetzt werden. Weitere Möglichkeiten, die Übeltäter zu entlarven: die bronchiale Provokationsmethode, mit der die Wirkung verschiedener Partikel in der Atemluft durch Einatmen getestet wird.
Weniger unangenehm und ohne ärztliche Hilfe durchführbar ist der Auslaßversuch. Zum Beispiel können Haustiere vorübergehend aus der Wohnung entfernt, der Kontakt mit bestimmten Substanzen unterbunden oder Nahrungsmittel systematisch weggelassen werden, um dann zu beobachten, ob auch die Symptome verschwinden. Da viele Menschen allerdings auf *mehrere* Substanzen überempfindlich reagieren und die Allergene ja häufig in anderen Stoffen eingebunden sind, erweist sich diese Probiermethode leider größtenteils als weniger erfolgreich.

Den Teufel mit dem Beelzebub austreiben

Zumindest theoretisch gibt es für jeden Allergiker eine hundertprozentige Methode, von den lästigen Symptomen verschont zu bleiben: absolutes Meiden allergisierender Substanzen. Doch das ist leichter gesagt als getan. Denn Reizstoffe in der Atemluft sind – in unterschiedlicher Konzentration – sozusagen allgegenwärtig. Auch vor Nahrungsmittel- und Kontaktallergenen kann man sich nicht immer schützen. Und Menschen, die z. B. unter einer Lichtüberempfindlichkeit (Photoallergie) leiden, möchten ihren Sommerurlaub ja nicht ausschließlich im Schatten verbringen. Was kann man also tun?
Es gibt eine Reihe von Medikamenten, die allergische Beschwerden lindern oder beseitigen können. Besonders wirkungsvoll, manchmal sogar lebensrettend sind Antihistaminpräparate und kortisonhaltige Mittel. Antihistamine machen jedoch müde und unkonzentriert, und

auch Kortison hat bekanntlich eine Reihe unangenehmer Nebenwirkungen. Deshalb sollten diese Medikamente nur unter bestimmten Voraussetzungen (z. B. bei allergischem Schnupfen oder bei allergischen Hautreaktionen) unter ärztlicher Kontrolle verwendet werden.
Eine langwierige, aber vielfach erfolgversprechende Methode ist es, den Körper allmählich gegen die Allergie unempfindlich oder weniger empfindlich zu machen, indem extrem verdünnte Mengen des Reizstoffes (oder eine Mixtur aus mehreren Allergenen) dem Betroffenen wiederholt und in steigender Konzentration unter die Haut gespritzt werden. Nach einem anfänglichen Anstieg sinkt sein Antikörperspiegel innerhalb von zwei bis vier Monaten ab, weil sich in dieser Zeit blockierende Antikörper bilden, die eine Produktion von allergisierenden IgE-Antikörpern reduzieren. Außerdem wird die Sensibilität der Mastzellen abgeschwächt. Nach und nach können die Behandlungsabstände vergrößert und die Therapie (manchmal über Jahre) so lange fortgesetzt werden, bis die Widerstandskraft des Allergikers gegen »seine« Reizstoffe so weit zugenommen hat, daß sich seine Beschwerden in erträglichen Grenzen halten oder gar nicht mehr spürbar sind. Diese Methode versucht also, den Teufel mit dem Beelzebub auszutreiben – was jedoch nur selten hundertprozentig gelingt. Auch nach dieser sogenannten Hyposensibilisierung lassen sich im Blut des Behandelten immer noch allergisierende Antikörper nachweisen.

Seelische Waffen: Entspannung und Suggestion

Daß man auch auf Menschen und Situationen zuweilen »allergisch« reagiert, ist mehr als eine bloße Redensart. Denn seelische Vorgänge können in der Tat Allergien hervorrufen oder verstärken, aber auch lindern oder beseitigen. So ist es z. B. durchaus möglich, einen Asthma-Anfall ohne Kontakt mit dem Allergen allein durch seine *optische* Darbietung, also durch eine sogenannte Konditionierung auszulösen. Und die Entstehung bzw. Intensivierung von Quaddeln und Ekzemen auf der Haut durch Aufregung oder Nervosität dürfte manchem sensiblen Menschen allzu vertraut sein.
Demgegenüber haben sich Entspannungsverfahren immer wieder als hervorragende »sanfte Waffen« gegen allergische Reaktionen bewährt.

Wenig bekannt indessen ist die erstaunliche Tatsache, daß allergische Symptome auf sprachliche Beeinflussungen, also auf Suggestionen, reagieren. Eine Reihe verblüffender Einzelfallstudien und Experimente, die vornehmlich in den USA durchgeführt wurden, haben überzeugend belegt, daß Versuchsteilnehmer, die »ihren« Allergenen ausgesetzt wurden, nach einer suggestiven Beeinflussung in Hypnose keinerlei Ausbildung von Symptomen mehr zeigten.
Der Wissenschaftler *A. Clarkson* provozierte bei einer jungen Frau, die gegen Hühnereiweiß allergisch war, durch eine Testinjektion eine Hautrötung. Tags darauf wurde ihr in Hypnose gesagt, daß ihre Haut auf das Allergen nicht mehr reagieren würde. Überraschend zog jetzt besagte Injektion keine Hautreizung mehr nach sich. Am folgenden Tag wurde der Versuch ohne Suggestionen wiederholt – und prompt war die allergische Reaktion wieder sichtbar.
In einer anderen Studie konnten *A. Mason* und *S. Black* eine Frau von pollenbedingten allergischen Reaktionen (Heuschnupfen, Asthma) befreien. In Hypnose suggerierte man ihr, daß die Pollen für sie völlig unproblematisch wären. In der Tat war sie daraufhin zum ersten Mal seit zwölf Jahren beschwerdefrei. Selbst ein Hauttest mit dem Allergen, bei dem die Frau zuvor mit starker Quaddelbildung reagierte, ließ nur noch eine schwache Reaktion entstehen, die nach wiederholter Anwendung des Tests völlig verschwand. Als der Test aber unerwartet nicht auf dem Arm, sondern auf dem Bein vorgenommen wurde, entstand wieder eine Quaddel. Eine weitere Suggestionssitzung, in der jede Form von Hautreaktion »untersagt« wurde, führte zum gewünschten Erfolg – obwohl in ihrem Blut nach wie vor allergisierende Antikörper (IgE) nachweisbar waren.
W. Kroger behandelte einen zwölfjährigen Jungen, der gegen Katzen und Schokolade allergisch war. In einer Suggestionsbehandlung sagte man ihm, daß er ohne Probleme mit Katzen spielen und Schokolade essen könne. Bei seiner Wiedervorstellung nach einer Woche war der kleine Patient nach wie vor beschwerdefrei. Sogar noch ein Jahr später entwickelte der Junge trotz Kontakt mit seinen Allergenen keine krankhaften Hauterscheinungen. Aus Demonstrationsgründen (die wir in solchen Fällen übrigens für fragwürdig halten) wurde der Junge wieder in einen Entspannungszustand versetzt und der ursprüngliche suggestive »Heilungsbefehl« wieder aufgehoben. Die Folge: Erneut

allergische Reaktionen beim Genuß von Schokolade. Glücklicherweise konnte durch Suggestionen seine Symptomfreiheit wiederhergestellt werden.

Die japanischen Forscher *Z. Kaneko* und *N. Takaishi* untersuchten eine Gruppe von 27 Patienten, die unter chronischem Nesselfieber litten. Entspannende und symptombezogene Suggestionen führten zu folgendem Ergebnis: Fünf Versuchsteilnehmer waren nach der Behandlung völlig, neun weitgehend beschwerdefrei. Acht Probanden zeigten deutliche Besserungen, während fünf weitere unverändert von ihrer lästigen Krankheit geplagt wurden. Nachuntersuchungen einige Monate später ergaben, daß ein Teil der beschwerdefreien bzw. gebesserten Patienten einen Rückfall erlitten hatte, viele aber weiterhin von ihren Hautsorgen verschont blieben.

In einer zweiten Studie beschäftigten sich *Kaneko* und *Takaishi* mit der Frage, ob auch emotionale Einflüsse bei der Ausbildung des Nesselfiebers eine Rolle spielen könnten. Vor der Suggestionsbehandlung gab man den Versuchsteilnehmern unterschiedliche Erklärungen für ihr Krankheitsbild. Eine Versuchsgruppe glaubte nun, daß Hitzeeinwirkungen für ihre juckenden Hautreizungen verantwortlich seien, die andere Fraktion führte ihr Problem auf emotionale Konflikte zurück. Danach folgten entsprechende Suggestionen – und tatsächlich bildeten sich in der ersten Gruppe nur bei Hitzesuggestionen Hautrötungen, während die zweite Gruppe allein auf Konfliktsuggestionen allergisch reagierte.

Ein weiteres Beispiel demonstriert besonders eindrucksvoll, in welch erstaunlicher Weise Suggestionen bestimmte nichtallergische, aber mit unserem Immunsystem verflochtene Hautprobleme beeinflussen können: Warzen entstehen vermutlich durch bestimmte Viren, einen Mangel an T-Zellen sowie einen erhöhten Spiegel des Immunglobulins G. Trotz dieses komplizierten biochemischen Ursachengeflechts scheint dieser Schönheitsfehler am besten durch Suggestionen (kombiniert mit Aberglaube, also starker Einbildungskraft) korrigierbar zu sein. Eine alte Frau, die in geheimnisvoller Umgebung am Stadtrand wohnt und die Warze mit beschwörenden Zauberformeln bespricht, braucht sich in ihrer Erfolgsquote keineswegs hinter den Ergebnissen der professionellen Medizin zu verstecken.

Daß Warzen suggestiver Beeinflussung zugänglich sind, ist weithin

bekannt. Warum das aber so ist, konnte auch das folgende Experiment nicht klären, gleichwohl seine Ergebnisse bemerkenswert sind. Der amerikanische Wissenschaftler *D. Chalmers* behandelte Warzen mit Suggestionen, die sich ganz konkret auf die Lage des Symptoms bezogen: »Die Warzen auf deiner rechten Körperhälfte werden verschwinden.« Bei fast allen Versuchsteilnehmern verloren sich die Warzen ausschließlich auf der gezielt angesprochenen Körperseite.
Eigene Erfahrungen mit allergischen Hautreaktionen, Heuschnupfen oder Asthma, die wir mit Suggestionen behandelten, entsprechen den zitierten Forschungsergebnissen: Mit Hilfe allgemein entspannender sowie gezielt auf die Symptomatik bezogener »wirksamer Worte« konnten die Beschwerden häufig gelindert oder sogar (zumindest zeitweise) beseitigt werden. Der therapeutische Effekt zeigte sich in der Regel um so intensiver, je höher die Suggestibilität und Einbildungskraft des Klienten war.
Läßt sich aus diesen Forschungs- und Praxisergebnissen nun folgern, daß Allergien und andere Defekte unseres Immunsystems letztlich doch seelisch bedingt sind und somit eine Psychotherapie viel sinnvoller wäre als Medikamente oder langwierige Gewöhnungstherapien? Keineswegs. Denn die hier vorgestellten Studien und Erfahrungen demonstrieren ja lediglich, daß es mit Hilfe bestimmter psychologischer Kunstgriffe in manchen Fällen möglich ist, den Ausbruch allergischer Reaktionen zu unterdrücken oder ihre Symptomatik zu lindern. Trotzdem wird gerade bei der Suggestionsbehandlung von Allergien einmal mehr deutlich, daß sich zwischen der Disposition zur Krankheit und der Symptombildung offenbar rätselhafte neurophysische »Zwischenglieder« befinden, die sich – zumindest beim gegenwärtigen Kenntnisstand der Wissenschaft – weniger mit chemischen Formeln als ganz pauschal mit dem Begriff »seelisch« beschreiben lassen.

Wirksame Worte gegen Allergien

Als Vorstellungsbilder zur Linderung von Allergien eignen sich vor allem entspannende Landschaftsmotive – wobei Sie aber darauf achten sollten, daß Sie in Ihrer Phantasie nicht mit bestimmten Allergenen konfrontiert werden. Falls Sie z. B. unter Heuschnupfen leiden, könnte

die Imagination einer Blumenwiese aufgrund einer gedanklichen Konditionierung Ihr Symptom verstärken statt mildern; und ein südlicher Palmenstrand wäre als inneres Bild zur Linderung einer Sonnenallergie freilich weniger geeignet als eine schattige Waldlichtung. Neben bestimmten Naturphantasien hat sich auch die intensive Vorstellung, ganz ruhig und frei ein- und auszuatmen, als besonders wirkungsvoll gegen allergische Beschwerden der gesamten Atemwege erwiesen.
Die folgenden Suggestionen zielen vornehmlich auf eine allgemeine körperlich-seelische Harmonisierung, eine Beruhigung und Entkrampfung der Atemwege, auf eine »Befreiung« des Kopfes (z. B. bei Heuschnupfen) sowie auf angenehme Hautempfindungen, die ja für zahlreiche Allergiker besonders erstrebenswert sind. Aufgrund der großen Vielfalt allergischer Reaktionen wird es aber in vielen Fällen notwendig sein, unsere »wirksamen Worte« noch durch individuelle Suggestionen zu ergänzen.

Mein Organismus ist frei, sein natürliches, gesundes Gleichgewicht zu finden und zu bewahren.

Je gelöster und entspannter ich mich fühle, desto freier kann ich atmen, desto klarer ist mein Kopf und desto angenehmer sind die Empfindungen meiner Haut.

Je gelassener ich bin, desto stabiler ist meine Gesundheit.

Gesund sein heißt auch: Mit mir und der Welt in Einklang leben.

Meine Überzeugung gibt meinen Gedanken heilsame Kraft.

Die Energie meiner positiven Vorstellungen stärkt mein körperlich-seelisches Gleichgewicht.

Jede Zelle meines Körpers, mein gesamter Organismus kann sich an meinen unbewußten Kraftquellen stärken.

Wirklich angenehm, daß sich die Ruhe und Harmonie meiner Seele unmittelbar auf meine Atmung, meine Haut und meinen ganzen Körper überträgt.

Ich kann jetzt ganz frei atmen und meine Haut als ganz angenehm empfinden.

Mein Kopf ist ganz klar und frei.

Ein beruhigendes Gefühl, daß das Geheimnis körperlich-seelischer Gesundheit in mir selbst liegt.

Meine positiven Gedanken und Gefühle verstärken meine inneren Kraftquellen.

Mein Unbewußtes kennt zahlreiche Wege, um Konflikte zu lösen.

Je gelöster und entspannter ich bin, desto freier kann ich atmen – und desto angenehmer empfinde ich meine Haut.

Die Kraft meiner Gedanken bestimmt mein körperliches Gleichgewicht.

Meine geistige Energie steigert mein körperliches Wohlbefinden.

Mein gesamter Organismus stärkt sich an meinen natürlichen Kraftquellen.

Die Kraft meiner Gedanken stabilisiert mein körperlich-seelisches Gleichgewicht.

Jede Zelle meines Körpers erfüllt ihre ganz natürliche Aufgabe.

Während mein Unbewußtes all seine Kräfte entfaltet, fühle ich mich stark und gesund.

Meine innere Energie steigert mein körperliches Wohlbefinden.

Die Kraft meiner Gedanken macht mich stark und gesund.

Ich bin davon überzeugt, daß die Natur unschätzbare Heilkräfte besitzt.

Innere Ruhe und Gelassenheit übertragen sich auf meinen Körper.

Jede Zelle meines Körpers stärkt sich an meinen natürlichen Kraftquellen.

Ich atme ruhig und frei, mein Kopf ist ganz klar und meine Haut fühlt sich wohl.

Meine Körperfunktionen können in Harmonie mit meiner Seele leben.

Ich fühle mich ruhig, gelassen und ausgeglichen – meine innere Ruhe stärkt meine Gesundheit.

Meine Gelassenheit läßt jede Zelle meines Körpers ihre natürliche Aufgabe erfüllen.

Mein Unbewußtes kann all meine körperlichen Funktionen regeln.

Ich kann mich stark und gesund fühlen, weil die unschätzbaren Heilkräfte der Natur in mir ruhen.

Erstaunlich, welch unbewußte Möglichkeiten ich besitze.

Je mehr ich meinem Unbewußten vertraue, desto freier kann ich atmen, desto klarer ist mein Kopf und desto angenehmer sind die Empfindungen meiner Haut.

Meine natürlichen Heilkräfte können alle meine Körper- und Hautfunktionen mühelos normalisieren.

10 Den Schmerz besiegen

Gewiß haben auch Sie schon folgende unerfreuliche Erfahrung gemacht. Sie schneiden sich in den Finger und nehmen eine schmerzhafte Empfindung wahr, die zunächst recht heftig sein kann, allmählich schwächer wird und nach einiger Zeit wieder verschwindet. Das ist zwar unangenehm, doch die Natur hat den Schmerz gewiß nicht erfunden, um Sie zu ärgern oder zu peinigen. Im Gegenteil: Schmerz ist eine wichtige, ja lebenserhaltende »Alarmanlage«, die Verletzungen oder Störungen des Organismus' anzeigt und entsprechende Gegenmaßnahmen in Gang bringen will. Doch bestimmte Formen von Streß oder die Konzentration auf ein bedeutendes Ereignis können bewirken, daß sogar schwere Verletzungen, die sozusagen »im Eifer des Gefechts« entstehen, nicht als schmerzhaft empfunden werden.

Selbst der *akute organische* Schmerz ist also kein eindeutiges »Warnlämpchen«, kein objektiv erfaßbarer körperlicher Prozeß, der sich in immer gleicher Weise darstellt. Unsere Schmerzempfindungen sind in hohem Maße von seelischen Vorgängen, vor allem von der *subjektiven Bewertung* der Körpersignale abhängig. Dies gilt erst recht für *chronische* Schmerzen, die ja ohnehin ihre Rolle als sinnvolles »Frühwarnsystem« verloren haben und denen sich oftmals keine klare organische Schädigung zuordnen läßt. Auch wenn diese hochkomplizierten körperlich-seelischen Wechselwirkungen bislang nur zum Teil erforscht sind, haben zahlreiche medizinische und psychologische Untersuchungen eindeutig belegt: Vor allem chronische Schmerzen, ganz gleich welcher Ursache, lassen sich allein durch psychische Einflüsse – insbesondere durch das Mittel der Suggestion – häufig in entscheidender Weise bessern.

So können Sie mit Hilfe von Selbstsuggestionen Ihre Schmerzempfindungen spürbar lindern und damit auch Ihren Bedarf an Medikamenten verringern. Das Angebot *psychologischer* Möglichkeiten zur Schmerzbekämpfung ist offenbar dringend notwendig, wenn man bedenkt, daß jeder sechste Bundesbürger täglich zu einem der über

600 verfügbaren Schmerzmedikamente greift – was zu einem jährlichen Verbrauch von 300 Millionen Schmerzmittel-Packungen führt.

Die schmerzlösende Wirkung positiver Suggestionen

Eine zweiunddreißigjährige Patientin sucht unsere psychologische Praxis wegen chronischer Kopfschmerzen auf, von denen sie schon seit Jahren gequält wird. Da die verschiedensten medizinischen Untersuchungen keinerlei organische Befunde ergeben haben, möchte sie versuchen, ihre Beschwerden mit Hilfe einer Suggestionsbehandlung zu beseitigen. Während sie sich in einem bequemen Sessel entspannt, nimmt sie über Kopfhörer zahlreiche positive Suggestionen wahr. Als die Sitzung beendet ist und sie ihre Augen wieder aufschlägt, macht sie einen völlig überraschten Eindruck. Ungläubig faßt sie sich an den Kopf und sagt: »Meine Schmerzen sind weg!« Diese spontane Besserung gewinnt vor allem deshalb an Bedeutung, weil die Patientin nach einem halben Jahr immer noch beschwerdefrei ist.
Eine Ausnahme? Keineswegs. Solche erstaunlichen Erfolge sind bei der Behandlung chronischer Schmerzen – vor allem, wenn keine organischen Ursachen vorliegen – gar nicht so selten. Um jedoch möglichen Rückfällen vorzubeugen, hat es sich als ratsam erwiesen, eine Reihe weiterer Entspannungs- und Suggestionssitzungen durchzuführen.
Die Kombination entspannungsfördernder und schmerzlindernder Suggestionsmuster hat sich bei der Behandlung akuter[14] wie chronischer Schmerzen häufig als erstaunlich hilfreich erwiesen. Allerdings gibt es natürlich auch eine Reihe von hartnäckigen Schmerzsymptomen, die sich nicht allein durch psychologische Einwirkungen bessern lassen, sondern eine medizinische Behandlung notwendig machen. Doch auch in diesen Fällen werden die Beschwerden oftmals durch seelische Ursachen *mit*bedingt, so daß ein zusätzlicher Einsatz gezielter Suggestionen den Therapieverlauf günstig beeinflussen kann.

Suggestionen in der Schmerzbehandlung

In Zusammenarbeit mit den Schmerzambulanzen in den Krankenhäusern Werdohl und Letmathe, wurden auf Tonband aufgenommene Suggestionsmuster bei zahlreichen Schmerzpatienten getestet und mit verschiedenen medizinischen Behandlungsmethoden kombiniert. Die Ergebnisse dieser Versuchsreihe sind ebenso interessant wie ermutigend. Es zeigte sich nämlich, daß positive Suggestionen grundsätzlich als ergänzendes Verfahren geeignet sind – ganz gleich, welche Symptomatik vorliegt und welche schmerztherapeutische Methode angezeigt ist. Bei jenen Patienten, die einer psychologischen Behandlung aufgeschlossen gegenüberstanden, war eine kombinierte Therapie der rein medizinischen Behandlung deutlich überlegen – selbst wenn die Betroffenen eine längere »Schmerzkarriere« hinter sich und schon fast resigniert hatten. Viele von ihnen – vor allem jene, die unter chronischen Kopfschmerzen litten – konnten nach einiger Zeit sogar ausschließlich mit Suggestionen erfolgreich behandelt werden, wodurch sich sowohl ihre Schmerzen als auch ihr gesamtes körperlich-seelisches Befinden besserten. Umgekehrt gab es auch einige – vorwiegend ältere – Patienten, die einer Suggestionsbehandlung skeptisch bis ablehnend gegenüberstanden, und sie – wenn überhaupt – nur widerwillig akzeptierten. Obwohl manche dieser »Widerständler« schließlich von der Wirksamkeit der positiven Leitsätze überzeugt wurden und sich am Ende von ihrer Wirkung völlig überrascht zeigten, hat sich eine negative Grundeinstellung (die bei *scheinbarer* Aufgeschlossenheit auch *unbewußt* wirken kann) dennoch als entscheidender Hemmschuh gegen eine erfolgreiche Schmerzbehandlung mit Suggestionen erwiesen.
Diese Beobachtungen machen deutlich, daß der *psychologische* Aspekt chronischer Schmerzen eine viel größere Rolle spielt, als landläufig angenommen wird. Sicher ist es schon lange bekannt, daß unser Gehirn Schmerzen nicht nur registrieren oder betäuben, sondern auch »machen« kann – wie es bei den sogenannten Phantomschmerzen der Fall ist, wenn z. B. ein amputiertes Bein weiterhin wehtut. Und daß Unruhe und Angst, Ärger oder Depressionen ganz typische seelische Schmerzverstärker sind, hat sicherlich schon jeder am eigenen Leibe erfahren. Doch allzuoft wird übersehen, daß Schmerzen nicht nur Leiden verursachen, sondern auch einen »Gewinn« mit sich bringen, nämlich die

Zuwendung und Anteilnahme durch die Mitwelt. So nehmen in der Tat viele Menschen lieber *körperliche* Pein in Kauf, anstatt das *seelische* Leid mangelnder oder fehlender Zuneigung ertragen zu müssen. In diesem seelischen Mechanismus liegt gewiß häufig der Grund dafür, daß sich mancher organisch bedingte chronische Schmerz so hartnäckig gegen jeden Therapieversuch behauptet. Und erst recht lassen sich auf diese Weise jene oft rätselhaften Schmerzempfindungen erklären, die keinerlei (oder nur »unspezifische«) organische Ursachen haben. Gerade bei Kindern zeigen sich solche seelisch bedingten Schmerzen besonders eindrucksvoll, weil bei ihnen – im Gegensatz zu vielen Erwachsenen – der jeweilige Ursache-Wirkungs-Zusammenhang meistens unmittelbar sichtbar wird: Bauchschmerzen, wenn die Eltern abends ausgehen wollen, Kopfschmerzen vor einer Klassenarbeit oder ein schmerzendes Handgelenk bei den lästigen Hausaufgaben.

Inwieweit psychogene Schmerzen tatsächlich »da« (also neurophysisch nachweisbar) oder nur eingebildet sind, läßt sich natürlich im Alltag kaum überprüfen. Vermutlich kann nicht einmal der Betroffene selbst darüber eine klare Aussage machen, weil er ja in der Regel davon überzeugt ist, die Schmerzen *wirklich* zu haben. Anders in der Schmerzambulanz, wo man häufig hartnäckigen chronischen Schmerzen ohne organische Ursachen begegnet, die *nachweislich* körperlich nicht existieren können. Sie sind demnach entweder nur vorgetäuscht oder allein in der Phantasie des Leidenden vorhanden, wie das folgende Fallbeispiel zeigt: Eine siebenundfünfzigjährige Patientin, verwitwet und alleinstehend, litt seit längerer Zeit unter unspezifischen Rückenschmerzen (Lendenwirbelsyndrom). Im Zuge mehrerer therapeutischer Maßnahmen wurde auch eine starke lokale Schmerzblockade vorgenommen. Dennoch klagte die Frau auch dann noch über eine zunehmende Verstärkung der Rückenschmerzen, als die entsprechende Körperregion völlig schmerzunempfindlich gemacht worden war. Geduldige Zuwendung durch den behandelnden Arzt sowie eine Suggestionsbehandlung machten die Patientin jedoch alsbald (vorübergehend) beschwerdefrei. Auch in vielen anderen Fällen zeigte sich immer wieder, daß gerade für die Genesung von Schmerzpatienten »seelische Streicheleinheiten« äußerst wichtig waren.

Wie lassen sich solche Beobachtungen erklären? Welche psychologischen und organischen Vorgänge sind dafür verantwortlich? Wie

kommt es also, daß chronische Schmerzen wie Migräne oder Rheuma, Rückenleiden oder Gicht, unter denen etwa drei Millionen Bundesbürger leiden, allein durch psychologische Mittel beseitigt oder zumindest gelindert werden können?
Um die komplizierte körperlich-seelische Wechselwirkung bei der Entstehung und Unterdrückung von Schmerzempfindungen besser zu verstehen, sollten Sie noch folgendes wissen: Unser Körper besitzt ein geniales Abwehrsystem gegen Schmerzreize, die sogenannten Endorphine[15]. Das sind Betäubungsmittel, die von Gehirn und Rückenmark produziert werden und an bestimmten Stellen der Nervenbahnen eine schmerzunterdrückende Wirkung ausüben. Nicht zuletzt, weil es solche körpereigenen »Schmerzmittel« gibt, ist es möglich, allein durch *psychologische* Einwirkungen die subjektiven Schmerzempfindungen deutlich zu senken oder völlig auszuschalten. Der amerikanische Forscher *J. Levine* hat in einer aufschlußreichen Untersuchung die Vermutung gestärkt, daß der bekannte Placebo-Effekt (also die Wirkung von Scheinpräparaten) bei der Schmerzbehandlung zum Teil durch Endorphine ausgelöst wird. Daraus ergibt sich zwangsläufig eine weitere Überlegung, durch die auch die schmerzlindernde Wirkung von Suggestionen erklärbar ist. Ein Placebo ist ja nichts anderes als eine ganz bestimmte *indirekte Suggestion:* »Dieses Präparat wird mir bestimmt helfen!« Folglich ist anzunehmen, daß sich auch durch *unmittelbare* Beeinflussungen die Ausschüttung körpereigener Betäubungsmittel anregen läßt. Tatsächlich haben zahlreiche Untersuchungen eindrucksvoll demonstriert, daß durch reine Suggestionsbehandlungen nicht nur akute Schmerzen völlig betäubt werden, sondern auch chronische Leiden über die therapeutische Sitzung hinaus überdauernd gelindert oder beseitigt werden können. Mehr noch: Im Vergleich mit der bloßen Verabreichung von Placebos können *bestimmte* Suggestionen unter *bestimmten* Bedingungen wesentlich intensiver und nachhaltiger wirken. So haben Experimente gezeigt, daß die schmerzlösende Wirkung von Scheinpräparaten durch einen Endorphin-Gegenspieler aufgehoben wurde. Dieser Stoff hatte aber keinen Effekt, wenn die vorausgehende Schmerzbehandlung durch Suggestionen erfolgt war. Die Probanden blieben weiterhin beschwerdefrei. Daraus läßt sich folgern, daß bei der suggestiven Schmerzbehandlung neben Endorphinen auch andere bis-

lang noch nicht entdeckte Stoffe bzw. Vorgänge für die wahrgenommene Besserung verantwortlich sind.
Wenn man Schmerzen mit Hilfe von Suggestionen beeinflussen möchte, ist es aber keinesfalls gleichgültig, nach welchen inhaltlichen und formalen Kriterien die sprachlichen Muster aufgebaut werden. Besonders wirkungsvoll sind offenbar Suggestionen, in die schmerzunverträgliche Erfahrungen eingeflochten werden – wie z. B. das Gefühl der Entspannung, angenehme Körperempfindungen oder das Vergessen bzw. die Umdeutung schmerzhafter Episoden.
Zur formalen Gestaltung der Suggestionen hat der Psychotherapeut *F. Hoppe*[16] an etwa 100 chronischen Schmerzpatienten eine interessante Untersuchung durchgeführt. Dabei handelte es sich um sogenannte »therapieresistente« Fälle (durchschnittliche Schmerzdauer: etwa zwölf Jahre) mit unterschiedlichen Schmerzsyndromen, davon rund 50% mit Kopfschmerzen. In den Therapiesitzungen (pro Patient waren es jeweils acht) wurden die Wirkungen *direkter* und *indirekter* Suggestionen einander gegenübergestellt. Eine besonders interessante indirekte Vorgehensweise, die hier eingesetzt wurde, war die sogenannte *Einstreutechnik,* die von *M. Erickson* stammt: Die Patienten hörten einen neutralen Sachtext (z. B. über die Funktionsweise einer Heizung), in den ganz bestimmte schmerzlindernde Suggestionen eingestreut wurden. Es zeigte sich, daß die *eingestreuten* Suggestionen wirksamer waren als eine direkte Beeinflussung der Schmerzpatienten. In der Versuchsbedingung mit direkten Suggestionen traten gelegentlich sogar Verschlechterungen auf. Der Behandlungserfolg war zwar von der Suggestibilität (Beeinflußbarkeit) der Patienten weitgehend unabhängig, aber die von ihnen während der Sitzung wahrgenommene Intensität der Wachheit hatte für die Wirkung der Behandlung offenbar eine wesentliche Bedeutung. Die erfolgreich therapierten Versuchsteilnehmer hatten während der Sitzung häufig das Gefühl, in einer Art Entspannungs- oder Trancezustand zu sein.
Aus diesen Versuchsergebnissen läßt sich eines mit Sicherheit folgern: Wenn auch in unterschiedlichem Ausmaß, so können doch *alle* Schmerzpatienten (ganz gleich, ob organische oder seelische Ursachen im Vordergrund stehen) mit Hilfe sinnvoll eingesetzter Suggestionsverfahren ihre subjektiven Schmerzempfindungen überdauernd lindern oder sogar völlig beseitigen. Trotzdem gibt es natürlich zahlreiche

Schmerzpatienten, deren längerdauernde Leiden klare organische Ursachen haben und denen nicht ohne gezielte medizinische Behandlung geholfen werden kann. Anstatt also Ihre Schmerzen weiterhin mit Schmerz- oder Beruhigungstabletten lediglich zu betäuben und sich dabei noch der Gefahr einer zunehmenden Gewöhnung oder gar einer Medikamentenabhängigkeit auszusetzen, sollten Sie lieber den Weg in eine Schmerzambulanz[17] wählen, wo nicht nur eine genaue Diagnose gestellt wird, sondern Ihnen auch eine Reihe moderner Behandlungsmethoden angeboten werden.

Wenn der Körper Alarm schlägt

Vielleicht interessiert es Sie ja noch, welche faszinierenden körperlichen Vorgänge dafür verantwortlich sind, daß Sie Schmerz empfinden können. Nehmen wir noch einmal als Beispiel einen Schnitt in den Finger – eine harmlose Verletzung, die aber in Bruchteilen von Sekunden eine hochkomplizierte biologische »Nachrichtenstafette« auslöst. Freie Nervenenden in der Haut (sogenannte Nozizeptoren, d. h. Schmerzempfänger) registrieren die Verletzung und leiten diese Information über verschiedene Nervenbahnen weiter, die nach ihrer Leitungsgeschwindigkeit eingeteilt werden. Die schnelleren »A-Delta-Fasern« übertragen den ersten stechenden Schmerz, die langsameren »C-Fasern« sorgen wenig später für eine dumpfe Empfindung. Erste Station ist das Rückenmark. Hier enden die Nervenbahnen in bestimmten Umschaltstellen (Synapsen), in denen die elektrischen Impulse chemische Prozesse auslösen. Überträgersubstanzen (Neurotransmitter) erregen nun blitzschnell die nächste Nervenfaser, die den Hinweis »Finger verletzt!« unverzüglich weiterleitet.
Doch bevor das Bewußtsein überhaupt wahrnimmt, was passiert ist, werden vom Rückenmark aus motorische Schutzreflexe gesteuert, durch die der Finger – wenn auch vergeblich – noch versucht, der scharfen Schneide des Messers zu entkommen. Gleichzeitig werden die Schmerzimpulse vom Rückenmark zum Gehirn weitergeleitet, und zwar zunächst zum Zwischenhirn. Weitere Stationen, die parallel angesteuert werden sind das sogenannte Weckzentrum, wodurch die Aufmerksamkeit erhöht wird, und die Großhirnrinde, wo der Schmerz-

reiz Bruchteile von Sekunden nach der Verletzung bewußt wird. Die subjektive Bewertung der mit diesem Mißgeschick verknüpften Empfindungen erfolgt dann in einer Hirnregion, die für Gefühlswahrnehmungen zuständig ist.
Doch ganz gleich, worin nun Ihre Schmerzempfindungen begründet sind und welche schmerztherapeutischen Maßnahmen Sie in Angriff nehmen möchten – Entspannung und Selbstsuggestionen können Ihnen in *jedem Fall* dabei helfen, Ihre inneren schmerzlösenden Kraftquellen zu entfalten, Ihr körperlich-seelisches Gleichgewicht zu fördern und damit Ihr allgemeines Wohlbefinden zu steigern.

Wirksame Worte gegen Schmerzen

Eine besonders wirksame Imagination für Schmerzpatienten: Rufen Sie sich angenehme Situationen in Erinnerung, in denen Sie beschwerdefrei waren. Auch innere Landschaftsbilder tragen zur Entspannung, zur positiven Gefühlstönung und damit zur Schmerzlinderung bei.
In den folgenden »wirksamen Worten« ist eine Reihe bewährter Suggestionsinhalte miteinander verflochten:
– Vergessen oder subjektive Verkürzung schmerzhafter Erfahrungen durch indirekte Suggestionen wie: »Wenn man vergißt, an etwas zu denken, ist es plötzlich nicht mehr spürbar.«
– Schmerzunverträgliche Gedanken und Vorstellungen: »Erstaunlich, wie angenehm leicht die Körperempfindungen sein können, wenn die Seele gelöst und entspannt ist.«
– Erinnerungen an schmerzfreie Zeiträume.
– Gedankliche Loslösung der schmerzenden Körperregionen vom bewußten Ich (Dissoziation): »Natürlich werden organische Empfindungen irgendwo registriert – aber ich *muß* sie nicht spüren.«
– Bessere Bewältigung von Alltagsproblemen.
– Die Lösung zwischenmenschlicher Konflikte wird angeregt durch indirekte Suggestionen wie: »Es gibt viele Wege, den Umgang mit anderen zu verändern.«
– Hinorientierung auf schmerzfreie Zeiträume in der Zukunft: »Ich werde mich wundern, wie viele der angenehm leichten und gelösten Empfindungen ich auch nach der Rückkehr ins Hier und Jetzt spüren kann.«

Ich bin jetzt frei, jeden störenden Gedanken und jede störende Empfindung abzustreifen.

Ich kann mich ganz ruhig, leicht und beschwingt fühlen.

Wenn man vergißt, an etwas zu denken, ist es plötzlich nicht mehr spürbar.

Jeder Mensch hat schon oft erlebt, wie leicht man etwas vergessen kann.

Ich darf jetzt wirklich alles vergessen, was mich bisher gestört hat.

Jedes unangenehme Gefühl kann durch beruhigende und wirksame Worte völlig in Vergessenheit geraten.

Wir schleppen oft vieles mit uns herum, was eigentlich völlig überflüssig ist.

Ich kann eine große Erleichterung spüren, sobald ich mich von Nutzlosem trenne.

Wir behalten das Angenehme besonders lange in Erinnerung.

Ich kann jede störende Körperempfindung einfach vergessen.

Wirklich erstaunlich, daß die Fähigkeit zur örtlichen Betäubung in mir selbst liegt – ganz ohne Hilfsmittel.

Ich kann mich an viele Situationen in meinem Leben erinnern, in denen ich mich besonders wohl fühlte.

Gelöst, entspannt und zufrieden werden bedeutet Veränderung.

Mein Unbewußtes gibt mir den Mut, neue Wege zu gehen.

Erstaunlich, wie frei sich mein Körper und meine Seele fühlen können, wenn ich meine Wünsche und Bedürfnisse offen ausspreche.

Es ist wirklich erstaunlich, wie angenehm meine Körperempfindungen sein können, wenn meine Seele gelöst und entspannt ist.

Je geringer ich eine störende Körperempfindung bewerte, desto stärker ist das Gefühl der Erleichterung.

Ich kann mir immer besser vorstellen, ohne unangenehme Körperempfindungen zu leben.

Ich kann Entspannung und Erleichterung spüren, sobald ich die Dinge geschehen lasse.

Ich kann mich an angenehme Situationen viel länger erinnern als an unangenehme.

Ich kann mich jetzt von allem lösen, was mich stört, ganz unbeschwert und leicht werden.

Ich habe die Fähigkeit zur örtlichen Betäubung in mir selbst – ganz ohne irgendwelche Hilfsmittel.

Erstaunlich, wie angenehm meine Körperempfindungen sein können, wenn meine Seele gelöst und entspannt ist.

Ich kann auf alles verzichten, was lästig und überflüssig ist.

Ich fühle mich leichter, wenn ich mich von Nutzlosem trenne.

Meine inneren Kräfte durchströmen meinen Körper – bis in den letzten Winkel meiner Zellen.

Auch jede Nervenzelle meines Körpers atmet frische Energie und fühlt sich stark und gesund.

Wohlbefinden und Lebensfreude durchdringen meinen Körper und meine Seele.

Mit jedem Atemzug strömen frische Energie und Lebensmut durch meinen Körper und meine Seele.

Ich lasse alles, was mich stört, einfach hinter mir.

Ich kann lernen, wie ich meine Körperempfindungen immer besser kontrollieren kann.

Ich bin frei, mich einfach von jeder störenden Erinnerung zu lösen.

Ich werde alles Unangenehme einfach hinter mir lassen.

Ich bin zuversichtlich, daß es für mich in Zukunft immer mehr angenehm-leichte Zeiträume gibt.

Jeder Mensch hat die Fähigkeit, auch ohne Hilfsmittel unangenehme Körperempfindungen zu betäuben.

Ich behalte das Angenehme viel länger in Erinnerung als störende Körperempfindungen.

Je weniger ich an meinen Körper denke, desto eher vergesse ich jede Mißempfindung.

Ich kann meine angenehmen Körperempfindungen genießen und kann sie ohne Hilfsmittel hervorrufen.

Ich fühle mich leichter, wenn ich mich von Nutzlosem trenne.

Ich kann immer mehr angenehm-leichte, entspannte und beschwingte Körperempfindungen spüren.

Ich bin jetzt frei, jede störende Empfindung abzustreifen.

Ich kann alle unangenehmen Empfindungen vergessen und mich leicht und beschwingt fühlen.

Gelöst, entspannt und zufrieden werden bedeutet Veränderung – mein Unbewußtes gibt mir den Mut, neue Wege zu gehen.

Ich kann mich weiterentwickeln und neue Wege finden, sobald ich dazu bereit bin.

Ich kann mir immer besser vorstellen, meinen Körper angenehm zu erleben.

Natürlich werden organische Empfindungen irgendwo in meinem Körper registriert – aber wenn ich nicht daran denke, spüre ich sie einfach nicht mehr.

Mein Unbewußtes kann Konflikte verarbeiten, die mit meinen unangenehmen Körperempfindungen zusammenhängen.

Erstaunlich, wie angenehm meine Empfindungen sind, wenn meine Seele gelöst und entspannt ist.

Tag für Tag kann ich mehr angenehm-leichte und entspannte Körperempfindungen spüren.

Sobald ich an bestimmte Empfindungen nicht denke, sind sie nicht mehr spürbar.

Ich kann mich an viele Situationen meines Lebens erinnern, in denen ich mich so richtig wohlfühlte.

Die Fähigkeit zur örtlichen Betäubung ruht in mir selber.

Ich kann mich wirklich von allem lösen, was mich stört, und ganz leicht und beschwingt werden.

Ich spüre, wie sich die Kräfte meines Unbewußten mehr und mehr entfalten.

Ich kenne angenehm-leichte Körperempfindungen ganz genau – und kann sie ganz ohne Hilfsmittel hervorrufen.

Die meisten Menschen schleppen vieles mit sich herum, was überflüssig ist.

Ich spüre eine große Erleichterung, wenn ich mich von Nutzlosem trenne.

Wirklich angenehm, daß überflüssige Empfindungen durch schöne Vorstellungen in Vergessenheit geraten.

Es gibt in meinem Innern unendlich viele angenehme Vorstellungen.

Ich freue mich auf jede Situation in meinem Leben, in der ich ein entspanntes und angenehm-leichtes Körpergefühl genießen kann.

11 Erholsam schlafen

Sie liegen wach im Bett und können einfach keine Ruhe finden. Unzählige Gedanken jagen Ihnen durch den Kopf und kehren in bestimmten Abständen immer wieder, so, als drehe sich Ihr gesamtes Bewußtsein wie ein riesiges Karussell: »Hätte ich doch nicht . . .!«, »Wenn ich doch . . .!« oder »Ich sollte . . .!« Selbstvorwürfe, Aufforderungen und kritische Einwände nehmen von Ihrer Gedankenwelt Besitz und klingen so plastisch, als würden sie von einer unsichtbaren Stimme in Ihr Ohr geflüstert. Sie wälzen sich unruhig hin und her und können einfach keinen Schlaf finden. Die Ursachen: Streß, Sorgen und vor allem Schuldgefühle. Unseren Gewissensbissen können wir kaum entfliehen, sie verfolgen uns überallhin. Häufig stecken sie so tief in der Persönlichkeit, daß man sie gar nicht erkennt – oder wahrhaben will. Sei es Ordnung oder Leistung, »Anständigkeit« oder Ehrlichkeit – fast immer meldet sich die Stimme des Gewissens, wenn man seine eigenen Ansprüche nicht erfüllt.
Dennoch ist unser Gewissen keine überflüssige oder gar schädliche Einrichtung. Im Gegenteil: In günstiger Dosierung wirkt es einerseits wie ein Motor, der den Menschen zu vielen sinnvollen Tätigkeiten aktiviert, andererseits wie eine Bremse, die ihn vor Bosheiten und moralischen Entgleisungen bewahrt. Nur: Wo das Gewissen seine gesunde »Antriebs-und Lotsenfunktion« überschreitet, da entartet es zur Geißel der Menschen. Dem Gefühlsgehemmten beispielsweise verbietet es jegliche sichtbare emotionale Regung, und den Arbeitswütigen stellt es unter den immerwährenden Zwang, sein Leben ausschließlich mit »sinnvollen« Tätigkeiten auszufüllen (was nicht selten in der Partnerschaft oder Familie zum Fiasko wird). Dem Menschen mit Depressionen hat es schon tausendfach eingeflüstert, er tauge »sowieso nichts«, so daß er sich immer weiter in sein Schneckenhaus verkriecht oder im Extremfall gar Selbstmord begeht. Den Ordnungsfanatiker schließlich läßt es nur dann zur Ruhe kommen, wenn alle Bleistifte auf seinem Schreibtisch in Reih' und Glied liegen und keine noch so winzige Fluse seinen wohlgepflegten Teppichboden verunziert.

Wie gesagt: Hätte der Mensch kein Gewissen, so würde er hemmungslos all seinen Triebimpulsen erliegen und nie dazu fähig sein, in Gemeinschaft zu leben. Nur je fordernder und strenger sich diese »innere Stimme« bemerkbar macht, desto größer werden häufig auch seine Zwänge, Ängste und Unzulänglichkeitsgefühle – und desto schlechter gelingt es ihm auch, wirklich erholsam zu schlafen. Das folgende Beispiel zeigt in beeindruckender Weise, wie übertriebene elterliche Forderungen in der Kindheit auch nach Jahrzehnten noch für (Leistungs-)Zwänge, Schuldgefühle und Schlafstörungen verantwortlich sein können:

Die 34jährige Marianne sucht unsere Praxis auf, weil sie sich in ihrem Beruf als Lehrerin überfordert fühlt und mit ihrem Leben »nicht mehr zurechtkommt« – wie sie sagt. Obwohl sie jede Unterrichtsstunde gründlich vorbereitet, hat sie ständig das Gefühl, »nicht genug getan« zu haben. Ebenso ergeht es ihr in den drei Volkshochschulkursen, die sie leitet, sowie in ihrer Rolle als Vorsitzende eines kulturellen Vereins. Trotz intensiver Arbeit ist sie nie mit sich zufrieden. Dabei wird sie von ihrer Umwelt als besonders fähig und engagiert geschätzt. Auffällig ist, daß Marianne schon immer freiwillige Aufgaben und Ämter übernommen und sich damit ständig an die Grenze ihrer Leistungsfähigkeit gebracht hat. Obwohl sie sehr nervös ist und unter zeitweiligen Depressionen und Schlafstörungen leidet, wehrt sie sich strikt dagegen, auch nur eine dieser Belastungen aufzugeben: »Damit beweise ich mir doch meine Unfähigkeit!«

»Haben Sie eigentlich als Kind unter Leistungsdruck gestanden?« versuchen wir ihren Hang zum Perfektionismus aufzuklären. Sie verneint diese Vermutung entschieden: »Ich war von Anfang an eine sehr gute Schülerin, da hatten es meine Eltern gar nicht nötig, Druck auszuüben!«

Marianne ist bereit, mit Hilfe einer Hypnosebehandlung ihre verdrängten Kindheitserinnerungen wachzurufen und wieder aufleben zu lassen[18], um etwas mehr Licht in ihre Probleme zu bringen. Nachdem sie in Trance versetzt ist, folgt die Suggestion: »Du bist jetzt neun Jahre alt und im vierten Schuljahr. Heute schreiben wir ein Diktat. Was denkst du dir dabei?«

»Hoffentlich mache ich keine Fehler!«

»Hast du Angst?«

»Weiß nicht – ich kann gut Diktate schreiben!«
Nun wird Marianne gebeten, ihre Augen zu öffnen, um das Diktat zu schreiben. Dazu muß man wissen, daß Menschen im Trancezustand ganz typische Verhaltensweisen jener Altersstufe zeigen, die ihnen durch die hypnotische Anweisung vorgegeben wird. Sogar die Handschrift macht die »Reise« in die Vergangenheit mit. Folglich zeigen sich im Diktat der 34jährigen Frau die charakteristischen Schriftzüge einer Neunjährigen. Nach Beendigung der »Klassenarbeit« wird ihr das Ergebnis mitgeteilt:
»Du hast keinen Fehler gemacht. Freust du dich?«
»Weiß nicht . . .«
»Was wird dein Vater sagen?«
»Der kümmert sich nicht darum.«
»Und deine Mutter?«
»Die sagt: Dafür konntest du wohl selbst nichts! Außerdem muß deine Handschrift besser werden!«
»Hat sie dich noch nie gelobt?«
»Nein – noch nie!«
So entpuppt sich der Perfektionismus eines Menschen, d. h. seine durch unbewußte Schuldgefühle genährte übertriebene Gewissenhaftigkeit, als verzweifelter Versuch, (endlich) jene Zuwendung und Anerkennung (also *positive Suggestionen!*) zu bekommen, die ihm als Kind versagt blieben.
Um den unbewußten Zusammenhang zwischen diesen seelischen Spannungen und ihren Schlafstörungen genauer herauszufinden, geben wir Marianne vor ihrer Rückkehr ins Hier und Jetzt noch einen sogenannten posthypnotischen Auftrag. Darunter versteht man eine in Hypnose für den späteren Wachzustand gegebene Anweisung, die in vielen Fällen tatsächlich ausgeführt wird – vorausgesetzt, sie widerspricht nicht den persönlichen Einstellungen und Prinzipien der angesprochenen Person. Im Sinne *nichtdirektiver* Therapie richten wir an Marianne folgende Suggestion: »Dein Unbewußtes kennt die Ursache deiner Schlafstörungen ganz genau. Und es ist nun frei, dir mitzuteilen, warum du so schlecht schlafen kannst. Sobald du gleich wieder wach geworden bist, kannst du auf dem Blatt Papier dort auf dem Tisch die Gründe für deine Schlafprobleme niederschreiben.«
Nachdem Marianne wieder aus ihrer hypnotischen Trance zurückge-

kehrt ist, schreibt sie auf den Zettel: »Wer schläft, der kann nichts leisten!« – und dokumentiert damit in frappierender Weise, wie tiefgreifend und nachhaltig elterliche Suggestionen zu einem nahezu unauslöschlichen »Programm« in der Lebensgeschichte eines Menschen werden können.
Ähnlich ergeht es vielen anderen Menschen: Gerade jene weit verbreiteten *seelisch* bedingten Einschlaf- und Durchschlafstörungen, die sich als besonders hartnäckig und langwierig erweisen und gern auf den vielzitierten »Dauerstreß« in Beruf oder Familie zurückgeführt werden, finden nach gründlicher psychologischer Analyse häufig in verdrängten Zwängen und Ängsten, aber auch in verborgenen Depressionen eine plausible Erklärung.

Schlafphasen – Schlafstörungen – Schlafregulierung

Selbstverständlich hat nicht jede Schlafstörung einen tiefenpsychologischen Hintergrund. Schon alltäglicher Ärger oder Kummer, bestimmte Überlegungen oder Pläne, vielleicht auch Freude oder Begeisterung können uns derart innerlich aktivieren, daß sich vorübergehend einfach kein Schlaf einstellen will. Zudem sorgen auch eine Reihe äußerer Umstände (ungesunder Lebenswandel, Lärmbelästigung) oder *organische* Ursachen (wie z. B. Schmerzen, Schilddrüsenüberfunktion, Erkrankungen des Herz-Kreislauf-Systems oder der Atemwegsorgane) für eine gestörte Nachtruhe. Allerdings sind etwa 90 % aller Schlafprobleme auf *seelische* Ursachen zurückzuführen.
Ein gesundes, erholsames Schlummervergnügen – bedeutet das nun absolute körperlich-seelische Ruhe und Passivität? Keineswegs! Unser Organismus zeigt sich jetzt zwar wesentlich unempfindlicher gegenüber Umweltreizen, und unser Wachbewußtsein ist aufgehoben, aber unsere »Denkmaschine« wird nachts nicht abgeschaltet; sie arbeitet jetzt in einem Wechsel zwischen Ruheperioden und erstaunlicher Aktivität. Die verschiedenen Schlafphasen (man nennt sie auch »Schlafarchitektur«) verlaufen bei allen Menschen in ähnlicher Weise – vorausgesetzt, der Schlaf wird nicht durch innere oder äußere Störfaktoren beeinträchtigt.
Zunächst sinken wir in einen leichten Schlaf, der recht bald von einer

mitteltiefen Phase abgelöst wird. Danach erreichen wir den Tiefschlaf, der nicht nur an einer Verlangsamung von Atmung und Pulsschlag sowie einem Absinken des Blutdrucks, sondern auch an einer Veränderung der Hirnstromkurve (EEG) erkennbar wird. Langsame Deltawellen signalisieren, daß Körper und Seele gerade eine Erholungspause einlegen. Doch etwa eine Stunde nach dem Einschlafen ist diese »Rast« zunächst einmal beendet. Niemand weiß bislang, warum wir nun plötzlich wieder innerlich »in Bewegung« geraten: Der Kreislauf kommt auf Touren, die EEG-Kurve zeigt Aktivität an, und unsere geschlossenen Augen scheinen mit großem Interesse innere Traumbilder zu verfolgen, denn die Augäpfel wandern ruckartig hin und her. Die Wissenschaft spricht hier von »*r*apid *e*ye *m*ovement« (zu deutsch: »schnelle Augenbewegung«) und bezeichnet diese Schlafphase, in der wir besonders lebhaft träumen, als REM-Schlaf. Da bei erhöhter Aktivität des Gehirns und des Vegetativums der Muskeltonus aber fast völlig erloschen und die Weckschwelle ebenso hoch wie in der Tiefschlafphase ist, wird dieser Zustand auch »paradoxer Schlaf« genannt. Wenn wir die erste REM-Phase »durchlebt« haben, beruhigen wir uns wieder – und der zweite Schlafzyklus kann beginnen.

Nun sinken wir wieder durch den mitteltiefen Schlaf in die Tiefschlafphase, woran sich dann erneut der REM-Schlaf anschließt. Ein solcher Zyklus dauert jeweils ungefähr 90 Minuten, so daß wir Nacht für Nacht die einzelnen Schlafphasen mehrmals durchlaufen. Die Tiefe bzw. Länge einzelner Schlafstadien verändert sich allerdings im Laufe der Nacht. Während die Tiefschlafphasen immer flacher ausfallen, vergrößert sich der REM-Zeitraum von anfangs ca. 10 bis zu 50 Minuten in den Frühstunden. Beim Erwachsenen macht diese von lebhaften Träumen begleitete Phase etwa 20 bis 25 % seiner gesamten Schlummerzeit aus.

Der ungestörte Verlauf des Schlafprofils ist für unser körperlich-seelisches Gleichgewicht äußerst wichtig. Eine Veränderung unserer Schlafarchitektur, insbesondere eine andauernde Verkürzung oder Aufhebung des REM-Schlafs, kann zu schweren Persönlichkeitsstörungen bis hin zum Nervenzusammenbruch führen – das haben Schlafentzugsexperimente und Studien, in denen Versuchsteilnehmer zu Beginn ihrer Traumtätigkeit konsequent geweckt wurden, eindrucksvoll demonstriert.

Um so ernsthafter sollten Sie sich darum bemühen, *ausreichend* Schlaf zu bekommen. Was aber tun, wenn Sie sich abends schlaflos im Bett wälzen oder – nachdem Sie endlich den ersehnten Schlaf gefunden haben – nicht durchschlafen können bzw. nach kurzer Nachtruhe morgens viel zu früh wach werden? Die scheinbar letzte Rettung sucht man allzuoft in den »rosaroten Helfern«, in Schlummerpillen. Selbst wenn jedoch das Schlafmittel zunächst einmal die ersehnte Nachtruhe »herbeizaubert« – dieser Erfolg ist trügerisch. Denn eine chemische Schlafhilfe bringt keine Heilung, sondern lediglich Dämpfung. Und da ihre Wirkung erfahrungsgemäß recht bald nachläßt, gerät man leicht in Gefahr, die Dosis allmählich zu erhöhen. Hierdurch werden wiederum die ohnehin vorhandenen Nebenwirkungen verstärkt – ganz abgesehen von einer drohenden Tablettenabhängigkeit. Somit erschweren oder verhindern die Pillen letztlich genau das, was man eigentlich erreichen will, nämlich einen gesunden, natürlichen Schlaf.

Allerdings gibt es zwischen den einzelnen Präparaten zum Teil erhebliche Unterschiede. Die früher verwendeten »klassischen« Schlaftabletten, die sogenannten Barbiturate, werden heute kaum noch verschrieben, da ihre großen Gefahren nicht nur darin liegen, daß sie eine niedrige Gewöhnungsschwelle haben und sehr schnell abhängig machen, sondern auch durch eine Verkürzung der REM-Phasen die Schlafarchitektur durcheinanderbringen. Aus diesen Gründen ging man dazu über, vornehmlich Tranquilizer (aus der Gruppe der Benzodiazepine) als Schlafmittel zu verordnen. Doch damit kam der Patient vom Regen in die Traufe. Auch diese Stoffe besitzen eine erhebliche Toleranzwirkung und ein gefährliches Suchtpotential. Schon nach etwa zwei Wochen Einnahmezeit muß häufig die Dosis erhöht werden, und kurz darauf kann sich bereits eine Abhängigkeit einstellen. Das abrupte Absetzen dieser Medikamente führt dann häufig zu Entzugserscheinungen, zur Verstärkung der REM-Phasen mit quälenden Alpträumen und zu einer weiteren Verschlimmerung des Schlafproblems.

In den letzten Jahren haben Schlafforscher aber weitere Stoffe entdeckt, die den Schlaf fördern können, ohne dem Menschen zu schaden. Dazu gehört die Aminosäure L-Tryptophan, eine Vorstufe des Überträgerstoffes Serotonin, der offenbar für das Schlafverhalten des Menschen eine bedeutsame Rolle spielt. Die auf natürlichem Wege angestrebte Regulierung des Schlafprofils entwickelt sich allerdings erst im Laufe der Zeit, so daß Geduld und Durchhaltevermögen nötig sind, um –

eventuell – von dieser Substanz zu profitieren. Auch andere Eiweißstoffe (Peptide), mit denen sich die Schlafforschung befaßt, können zwar den Hirnstoffwechsel regulieren oder anregen, nicht aber einen ungesunden Lebenswandel, falsche Schlafgewohnheiten oder seelische Konflikte beseitigen. Falls Sie unter Schlafstörungen leiden, sollten Sie also besonders gründlich dafür sorgen, daß Sie sich für ihre Nachtruhe möglichst günstige Voraussetzungen schaffen:

(1) Ein voller Magen schläft nicht gut. Deshalb gilt die Faustregel: Zwei Stunden vor dem Schlafengehen nichts mehr essen!

(2) Zuviel Alkohol kann zwar die Müdigkeit verstärken und das Einschlaftempo erhöhen, aber die Tiefschlaf- und REM-Phasen verkürzen. Die unangenehmen Folgen: Morgens fühlen Sie sich müde und zerschlagen, mürrisch und schwunglos, Ihre Konzentration und Leistungsfähigkeit werden erheblich beeinträchtigt.

(3) Genußmittel wie Kaffee oder colahaltige Getränke sind echte Muntermacher, also wenig geeignet als Schlummertrunk. Auch zu starkes Rauchen (besonders die Zigarette vor dem Einschlafen) kann die natürlichen Schlafzyklen empfindlich stören.

(4) Meiden Sie Gespräche über Probleme und Konflikte oder gar hitzige Diskussionen vor dem Schlafengehen. Eine lockere Plauderei oder eine seichte Lektüre können viel besser von Alltagskonflikten ablenken und die nötige »Bettschwere« fördern.

(5) Versuchen Sie nicht, den Schlaf mit aller Gewalt zu erzwingen. Denn eine solche krampfhafte Anstrengung bewirkt meist das Gegenteil, weil hierdurch ja gerade jene Entspannung verhindert wird, die der ersten Schlafphase vorausgehen muß. Strecken sie statt dessen die Waffen und kämpfen Sie nicht gegen die Schlaflosigkeit, sondern üben Sie sich in Gelassenheit. Sagen Sie sich: »Wenn ich jetzt nicht einschlafen kann, ist das auch keine Katastrophe, weil sich mein Körper früher oder später seinen Schlaf ganz von selbst holt.« Nicht selten ist nämlich eigentlich nur die Angst vor der Schlaflosigkeit, also die negative Erwartungshaltung (sprich: negative Selbstsuggestion), für die Schlafstörung verantwortlich.

Wirksame Worte gegen Schlafstörungen

Am sinnvollsten ist es, wenn Sie Ihre Entspannungs- und Suggestionsübung unmittelbar vor dem Einschlafen im Bett durchführen – selbstverständlich *ohne* Kerzenlicht. Als Vorstellungen eignen sich alle für Sie angenehmen »inneren Bilder«: schöne Landschaften, Erlebnisse, Begegnungen. Lassen Sie Ihrer Phantasie freien Lauf, und nehmen Sie Ihre Imaginationen nach der Suggestionsübung einfach mit in Ihre Träume (was nach einigem Training mühelos gelingt!). Um die genialen Fähigkeiten Ihres Unbewußten einmal mehr zu erleben, können Sie das sogenannte »Kopfuhr-Experiment« durchführen: Suggerieren Sie sich eine bestimmte Uhrzeit, zu der Sie morgens wach werden möchten. Vermutlich machen Sie am nächsten Morgen tatsächlich die verblüffende Erfahrung, daß Sie auch ohne Wecker präzise zur »programmierten« Zeit Ihre Augen aufschlagen.

Die folgenden wirksamen Worte zielen sowohl auf einen körperlich-seelischen Entspannungszustand, auf einen natürlichen Schlafverlauf, auf angenehme Träume als auch auf ein frisches und munteres Erwachen am nächsten Morgen. Sie können die »einschläfernde« Wirkung der positiven Leitsätze erhöhen, indem Sie Ihre Suggestionsübung so lange wiederholen, bis Ihre Augenlider so schwer werden, daß sie einfach zufallen wollen. Wenn Sie anschließend noch einmal in ein schönes Bild »eintauchen«, dürfte die erfolgreiche Umsetzung Ihrer Schlafvorstellung nicht mehr lange auf sich warten lassen.

Ich kann jetzt abschalten, die Dinge einfach geschehen lassen, tiefer sinken, mich wohlfühlen, träumen.

Ich fühle mich ganz schwer und warm, zufrieden, entspannt, müde.

Ich darf einfach nichts tun, nur noch schlafen, etwas Schönes träumen.

Ich sinke jetzt tiefer und tiefer – nichts tun, abschalten, wohlfühlen, schlafen.

Gestern ist vorbei – morgen wird sich schon alles regeln.

Mein Unbewußtes zeigt mir, wie ich entspannt einschlafen und erholsam durchschlafen kann.

Ich lerne immer besser, mich einfach fallen zu lassen.

Es gibt nichts mehr, was mich stört.

Ich habe in mir die Möglichkeit, tief, gesund und erholsam zu schlafen – die ganze Nacht.

Wenn ich morgen früh wach werde, fühle ich mich frisch und munter, erholt und ausgeschlafen.

Immer wenn ich abends ins Bett gehe, kann ich mich einfach fallen lassen – tief und erholsam schlafen.

Meine Augenlider werden ganz schwer.

Ich kann mich warm und geborgen fühlen und schöne Dinge träumen.

Ich bin frei, mich jeden Morgen frisch und munter zu fühlen und mich auf den neuen Tag zu freuen.

Ich kann mich jetzt einfach fallen lassen, tief und erholsam schlafen.

Während mein Schlaf ganz natürlich verläuft, können mein Körper und meine Seele neue Kräfte und frische Energie schöpfen.

Morgen früh kann ich mich ganz frisch und munter fühlen.

Jedesmal wenn ich abends im Bett liege, kann ich immer schwerer und müder werden und meine innere Ruhe genießen.

Ich bin gelassen und zuversichtlich – denn mein Schlaf kommt ganz von selbst.

Meine Augenlider werden immer schwerer.

Es macht mir Spaß, zu schlafen und zu träumen.

Es fällt mir jeden Abend leichter, mich einfach fallen zu lassen, müde zu werden und einzuschlafen.

Je mehr ich die Dinge geschehen lasse, desto leichter kann ich abends meinen Schlaf finden.

Mein Schlaf verläuft ganz natürlich – mein Körper und meine Seele können neue Kräfte schöpfen.

Meine innere Ruhe macht mich froh und zufrieden, meine Gelassenheit schenkt mir einen ganz natürlichen, erholsamen Schlaf.

Meine Augenlider sind jetzt ganz schwer.

Ich bin ganz schwer und warm, ruhig, zufrieden, entspannt, müde.

Ich kann jetzt schlafen und etwas Schönes träumen.

Ein Wort zum Schluß: Positiv sprechen, positiv denken!

Machen Sie sich jeden Tag aufs neue bewußt: Negative Suggestionen, Denkprozesse, Einstellungen und Gewohnheiten »vergiften« unser Wohlbefinden und führen häufig zu inneren Spannungen, Unzufriedenheit, Gereiztheit und all jenen körperlich-seelischen Symptomen, mit denen wir uns ausführlich beschäftigt haben. Doch selbst wenn Sie bereits seit Jahren oder Jahrzehnten pessimistische Worte und destruktive Gedanken »pflegen«, so ist diese Hypothek Ihrer Entwicklungsgeschichte kein unabänderliches Schicksal. Anhand zahlreicher ermutigender Beispiele haben wir aufgezeigt, daß gezielt eingesetzte positive wirksame Worte die negativen »Programme« eines Menschen allmählich löschen und durch zuversichtliche, optimistische Gedanken, Vorstellungen und Empfindungen ersetzen können. Manche spontane Heilung in Hypnose, ja auch sogenannte »Wunderheilungen«, von denen man gelegentlich staunend hört oder liest, lassen sich durch solche – plötzlich auftretenden – »Umprogrammierungen« erklären. Genau hier liegt das entscheidende Ziel Ihrer eigenen Suggestionsübungen. Sie wollen Ihnen nicht nur vorübergehend Entspannung und Wohlbefinden vermitteln, sondern vielmehr dabei helfen, Ihre Grundeinstellung zu sich selbst und zu anderen, also zu Ihrem gesamten Leben zu überdenken, zu korrigieren oder zu ändern – indem Sie Ihren Glauben an Ihre reichhaltigen unbewußten Möglichkeiten und Fähigkeiten mehr und mehr entwickeln und festigen.

Dennoch können Sie mit Ihrem Suggestionstraining freilich nicht jede körperlich-seelische »Gleichgewichtsstörung« beseitigen, jeden Konflikt bewältigen und jedes Problem lösen. Jahrelang eingeschliffene Gewohnheiten sind manchmal sehr hartnäckig – vor allem, wenn innere Widerstände das Unbewußte vor positiven Einwirkungen »abschotten«. Falls Ihre Selbst-Suggestionen nach vier bis sechs Wochen ein körperlich-seelisches Unbehagen nicht spürbar mindert, sollten Sie sich nicht scheuen, eine psychologische Beratungsstelle oder (auch ärztliche) Praxis aufzusuchen. Ganz gleich, welchen therapeutischen

Weg Sie dann wählen, um Ihr Leben in neue zufriedenstellendere Bahnen zu lenken – wirksame Worte können als zusätzliche Hilfe dazu beitragen, daß Sie Ihre unbewußten »seelischen Knoten« leichter aufspüren und lösen. Denn wir haben immer wieder die Erfahrung gemacht, daß ein systematisches Suggestionsprogramm eigentlich jede Psychotherapie oder ärztliche Behandlung intensiv und nachhaltig unterstützen kann.

Anmerkungen

[1] Vgl.: Erickson, M. H.: Hypnotherapie. München 1981.

[2] Vgl.: Stein, A.: Mein Kind hat Angst. München 1982.

[3] Als Hintergrundmusik für Ihre Suggestionsübungen können Sie z. B. ruhige Barockthemen von Bach, Corelli oder Händel verwenden. Besonders geeignet sind unsere eigenen zwanzig- bzw. dreißigminütigen Kompositionen, die durchgängig ein präzises Taktmaß von 60 Schlägen pro Minute einhalten (Bezugsquelle der Tonkassetten: Gesellschaft für Tiefensuggestion, Postfach 7343, 5860 Iserlohn 7).

[4] Die nach dem Prinzip der Stereo-Tiefensuggestion produzierten Kassetten mit vielschichtigen Sprach- und Klangmustern sind im Buchhandel oder beim Verlag für Therapeutische Medien, 5860 Iserlohn 7, erhältlich. Eine Aufstellung der einzelnen Titel finden Sie auf der letzten Seite des Buches.

[5] Pearson, L. & L.: Psycho-Diät. Abnehmen durch Lust am Essen. Reinbek 1986.

[6] Wenn Sie eine verhaltenstherapeutische Unterstützung bevorzugen, kann Ihnen folgendes Buch eine nützliche Hilfe sein: Hinkelmann, K. G.: Das Aussteigerprogramm. München 1983.

[7] Eine umfassende und fundierte Darstellung der Gefahren des Rauchens sowie eine vollständige Übersicht und Bewertung medizinischer und psychologischer Entwöhnungsmethoden finden Sie in dem sehr umfassenden Buch: Schmidt, F.: Raucherentwöhnung. Reinbek 1984.

[8] Nähere Informationen zur ambulanten Raucherentwöhnung erhalten Sie unter folgenden Anschriften:
Ärztlicher Arbeitskreis Rauchen und Gesundheit, Maybachstr. 14–16, 6800 Mannheim.
Deutscher Verein für Gesundheitspflege, Am Elfengrund 50, 6100 Darmstadt.
Landeszentralen für Gesundheitserziehung bzw. gesundheitliche Volksbelehrung in: Stuttgart, München, Hamburg, Marburg, Hannover, Mainz und Kiel (Entwöhnungskurs »Nichtrauchen in 10 Wochen«, der von Volkshochschulen angeboten wird).
Deutsche Angestellten-Krankenkasse (DAK), Postfach 10144, 2000 Hamburg 1.
Allgemeine Ortskrankenkasse (AOK), Auskunft über Entwöhnungsmöglichkeiten erteilt jede AOK-Dienststelle.
Deutsche Ärzteschaft für Akupunktur, Silberbachstr. 10, 7800 Freiburg.
Deutsche Gesellschaft für ärztliche Hypnose und autogenes Training, 2360 Bad Segeberg.
Deutsche Gesellschaft für Hypnose, Lindauer Str. 6, 8903 Bobingen.

[9] Diese Form der Angst nennt man in der Psychologie »Agoraphobie«.

[10] Der Begriff »Streß« hat grundsätzlich zweierlei Bedeutung: Zum einen werden damit alle belastenden physikalischen und psychologischen Einflüsse aus der Umwelt bezeichnet, zum anderen ein überforderter körperlich-seelischer Zustand.

[11] Bongartz, W.: Abnahme von Plasmakortisol und weißen Blutzellen nach Hypnose. Eine Pilotstudie. In: Experimentelle und klinische Hypnose, 1986, II, Heft 2, S. 101–107.

[12] Adrenalin ist jenes Hormon, das grundsätzlich an jeder körperlich-seelischen Erregung – sei es Ärger oder Freude – beteiligt ist. Deshalb nennt man es auch »Streßhormon«.

[13] Der Begriff »Atopos« stammt aus dem Griechischen und bedeutet soviel wie »widersinnig« oder »fehl am Platz«.

[14] Es versteht sich von selbst, daß die suggestive Behandlung *akuter* Schmerzen lediglich eine *vorübergehende* Hilfe darstellen kann – um den Zeitraum bis zur ärztlichen Behandlung bzw. Genesung (z. B. nach einer Operation) erträglicher zu machen.

[15] Dieser Begriff bedeutet: endogene (körpereigene) Morphine (morphiumähnliche Stoffe).

[16] Vgl.: Hoppe, F.: Direkte und indirekte Suggestionen in der hypnotischen Beeinflussung chronischer Schmerzen: Empirische Untersuchungen. In: B. Peter (Hrsg.): Hypnose und Hypnotherapie nach Milton H. Erickson. München 1985.

[17] Entsprechende Anschriften erhalten Sie über die Deutsche Schmerzhilfe e. V. Woldsenweg 3, 2000 Hamburg 20.

[18] Diese erstaunliche Gedächtnisleistung ist in der Wissenschaft als Hypermnesie bekannt. Die gedankliche »Reise« in die Vergangenheit nennt man Altersregression.